Cómo hablar con tus hijos de las drogas y el alcohol

Guías para padres

Últimos títulos publicados

Cynthia Kuhn, Scott Swartzwelder
y Wilkie Wilson

Cómo hablar con tus hijos de las drogas y el alcohol

PAIDÓS

Barcelona
Buenos Aires
México

Título original: *Just Say Know*
Publicado en inglés, en 2002, por W. W. Norton & Company, Nueva York y Londres

Traducción de Fernando Fontán

Cubierta de Julio Vivas

© 2002 by Cynthia Kuhn, Scott Swartzwelder y Wilkie Wilson
© 2003 de la traducción, Fernando Fontán
© 2003 de todas las ediciones en castellano,
  Ediciones Paidós Ibérica, S.A.,
  Mariano Cubí, 92 - 08021 Barcelona
  y Editorial Paidós, SAICF,
  Defensa, 599 - Buenos Aires
  http://www.paidos.com

ISBN: 84-493-1459-3
Depósito legal: B. 34.948-2003

Impreso en Novagràfik, S.L.
Vivaldi, 5 - 08110 Montcada i Reixac (Barcelona)

Impreso en España - Printed in Spain

A nuestras familias

Sumario

Introducción

Este libro trata de la esperanza. En él se explica cómo guiar a sus hijos para que desarrollen un sano respeto por el cerebro y el resto del cuerpo, cómo mostrarles la importancia de cultivar ese respeto y cómo ayudarles a evitar los peligros de las drogas.

Los autores somos padres y científicos. Como padres, uno de nosotros ya pasó por la experiencia, y aprendió mucho; otro está inmerso actualmente en ella; y el tercero está empezando a abordar la problemática. Conocemos el miedo que produce una llamada telefónica por la noche. Sabemos lo estresante que llega a ser la vida cuando los hijos, al crecer, dejan de tener cuerpos pequeños y frágiles, pero sus mentes están todavía en transición entre la niñez y la edad adulta. Nos consta que los jóvenes tienen acceso a una amplia variedad de drogas (una extensa gama, que ahora es más asequible que nunca) que les permiten continuar despiertos, les facilitan permanecer aletargados o, simplemente, propician que se sientan mejor durante cierto intervalo de tiempo. Sin embargo, pese a lo que usted pueda leer, pese a las alarmistas historias que difunde la prensa, tenemos fundadas razones para creer que se puede mantener a los jóvenes sanos y seguros.

Como científicos dirigimos laboratorios de investigación dedicados a averiguar cómo trabaja el cerebro y cómo las sustancias químicas interfieren en su funcionamiento. Deseamos ayudarle a entender lo compleja y especial que es nuestra mente (cómo aprende las cosas más extrañas, cómo se adapta al entorno). Tam-

11

bién queremos que comprenda lo valiosas que son las mentes de los hijos.

El cerebro de los niños está tan bien preparado para aprender que asimila y absorbe, como si se tratara de una esponja, todo lo que le rodea, y confecciona mapas del mundo que le circundará a lo largo de toda su existencia. Los mensajes que los adultos transmiten a los niños estarán literalmente con ellos el resto de sus vidas, codificados en las células y en las sustancias químicas del cerebro. Cuanto más pequeños son los niños, más conexiones se establecen y mayor es su potencialidad, de forma que las experiencias, las lecciones y los comportamientos que se aprenden en una fase temprana de la vida son los que de manera más intensa se amalgaman con todo el aprendizaje posterior. Así pues, creemos que la educación más eficaz sobre las drogas debe empezar lo más pronto posible.

Por otra parte, nunca es demasiado tarde para empezar. Pese a lo que puedan decir los jóvenes, ellos piensan mucho sobre el abuso de sustancias. Una encuesta reciente mostraba que las drogas y el alcohol constituían la mayor preocupación entre los adolescentes estadounidenses. Los años de la adolescencia son un tiempo de natural curiosidad, de enorme ansiedad y de increíble inconformismo. Según nuestra experiencia, los jóvenes están deseosos de hablar sobre este tema siempre que se den dos premisas. En primer lugar, quieren que se les tome en serio. Desean que sus sentimientos de ansiedad y estrés sean reconocidos y aceptados. Quieren que sus padres tengan alguna idea de lo que significa encontrarse en esa situación.

En segundo lugar, quieren que se les diga la verdad acerca de las drogas. En este aspecto es donde la mayor parte de la educación que se imparte sobre las drogas falla de forma lamentable. En un intento de asustar a los niños para evitar el empleo de drogas ilegales, muchos padres y educadores ponen el énfasis en las peores consecuencias que tiene el uso de un particular tipo de droga, e ignoran las sensaciones momentáneamente positivas que producen las drogas. Pero el cerebro humano es complicado, y la variedad de drogas que la gente utiliza provocan efectos muy diversos en el cerebro. Estos factores complejos hacen que hablar sobre este tema sea mucho más complicado de lo que la mayoría de personas piensa.

Parte del problema que tienen los padres con la educación sobre las drogas es que no hay mucha información disponible dirigida a ellos para que puedan leer e instruirse. Con bastante frecuencia, los jóvenes obtienen más información de la calle que la que consiguen sus padres. Aun cuando mucho de lo que los jóvenes puedan escuchar sea erróneo, tiene la suficiente verosimilitud como para que se lo crean. Los padres permanecen estancados en el enfoque «di sencillamente no» debido a que ni están ni estarán lo suficientemente informados para sostener una conversación fundada. Si el simple «di sencillamente no» funcionara, sería estupendo. Pero la cuestión es que no funciona.

Los niños son curiosos por naturaleza y, al igual que sucede con los adolescentes, padecen un gran dolor emocional. También son propensos a correr riesgos. Guste o no, los jóvenes tienen acceso a drogas que, durante un breve espacio de tiempo, pueden entretenerles, mantenerlos despiertos, hacerles dormir o simplemente eliminar el dolor. En las sociedades occidentales vivimos inmersos en un entorno en el que se produce una poderosa combinación de automóviles, gran cantidad de tiempo libre, una intensa estimulación mediática y disponibilidad de una amplia variedad de drogas que permiten modificar nuestro estado mental. Esta situación no tiene precedentes en la historia de la humanidad y para afrontarla es preciso algo más que un eslogan o una admonición temporánea de «mantenerse apartado de esas sustancias».

Hemos escrito este libro con la intención de proporcionar a quien lo lea la suficiente información para obtener una educación adecuada sobre el tema y, en consecuencia, poder hablar con los jóvenes sobre las drogas con conocimiento de causa. Empezamos con un capítulo que trata sobre la comunicación con los niños desde los primeros años de su vida hasta la adolescencia. Si los padres pueden empezar a establecer una relación de confianza entre ellos y sus hijos desde una fase temprana, la mayor parte de la batalla está ganada. Parte del desarrollo de esa confianza consiste en aprender a decirle a los niños lo que éstos necesitan saber. En un momento inicial de su vida, los niños no tienen por qué conocer los detalles referentes a la inoculación de drogas por vía intravenosa ni a las enfermedades relacionadas con este tipo de consumo. Necesitan saber que sus cerebros contienen la verdadera esencia de su persona y que es preciso que los nutran con una alimentación adecuada y con unos hábitos saludables. Más adelante, cuando sean adolescentes, necesitarán oír el mismo mensaje, pero con una información más detallada.

En el segundo capítulo se enseña a los padres algunos conocimientos básicos acerca de cómo interactúan las drogas con el organismo. En él se describen las diversas vías de entrada de las drogas en el cuerpo, cómo se mueven en el cerebro y cómo se libera de ellas el organismo. También se describen, en general, los daños que causan estas sustancias. Se explica el proceso de la adicción y cómo la persona llega a ser dependiente. Finalmente, se exponen los riesgos para la salud que están relacionados con un estilo de vida orientado hacia el consumo de drogas, muchos de los cuales se desconocen.

El capítulo 3, que es uno de los más importantes, es un recordatorio de los aspectos legales, los cuales siempre están presentes cuando se trata del consumo de drogas. No somos abogados y no pretendemos dar un asesoramiento jurídico. Sin embargo, es muy importante que los padres y los jóvenes comprendan las implicaciones legales que conlleva la relación con las drogas. Uno de los conceptos más importantes que debe entender un joven es lo fácil que resulta verse inmerso en una pesadilla legal, incluso cuando sea relativamente inocente. Las leyes se han hecho tan estrictas y tienen un alcance tan amplio que la más leve infracción puede conllevar penas gravísimas, especialmente ahora que los niños pueden recibir el mismo trato que los adultos. Los jóvenes, que siempre son los primeros en decir: «¡Esto no es justo!», tienen que entender que aun cuando se les imponga un tratamiento «justo» los gastos judiciales que se generarán podrían llevar a la quiebra a la mayoría de las familias.

Después de abordar estos temas introductorios, en los siguientes capítulos se trata de los diversos tipos de drogas. Éstos abarcan desde las sustancias menos adictivas, como la cafeína, hasta las más adictivas, como la cocaína. En sucesivos capítulos se habla del alcohol, los estimulantes, los sedantes, los alucinógenos y el éxtasis, entre otras sustancias. Para cada tipo de droga se ofrece un resumen de los riesgos a corto y a largo plazo que conlleva, una descripción de cómo se siente la persona al consumir la sustancia y algunos aspectos importantes que se deben tener en cuenta cuando se hable con los jóvenes sobre su consumo. Estos capítulos están concebidos para proporcionar a los padres la información necesaria, además de algunas pautas generales, pero sin abrumar con excesivos detalles.

Esperamos que la información que se brinda en este libro sirva a muchos padres y a sus hijos para que mantengan una relación de confianza que les permita dialogar de una forma eficaz sobre esta problemática. El ex director de la Office of National Drug Policy, el general Barry McCaffrey, dijo que la educación sobre las drogas ha de impartirse en la mesa de casa. Tiene razón. Nadie puede educar a un niño con mayor eficacia que sus padres.

De hecho, la mayor parte de este libro puede ser útil para guiar y ayudar a aquellos jóvenes que ya tienen problemas con las drogas. Esta obra se ha escrito para que los adultos entiendan cómo funciona el cerebro y cómo le afectan las drogas, qué constituye adicción y qué no, y cómo se puede establecer una comunicación efectiva con los jóvenes.

1

La comunicación es fundamental

EMPIECE PRONTO

No hay duda de que una buena educación sobre las drogas debe empezar en el seno del hogar y extenderse luego rápidamente a otros ámbitos en los que el niño pasa su tiempo. También debe comenzar en un momento inicial de la vida del joven. Mucho antes de tener una conversación sobre los riesgos que conlleva para la salud beber alcohol o consumir otro tipo de drogas, a los jóvenes se les pueden enseñar importantes lecciones acerca del funcionamiento del cuerpo humano y de cómo éste es vulnerable a los efectos de las sustancias químicas. Si un niño aprende a respetar y a cuidar su cuerpo, es bastante probable que en el futuro vigile los alimentos, los fármacos y las drogas que ingiera.

Estas lecciones se pueden impartir desde una edad temprana. Un excelente comienzo consiste, sencillamente, en dedicar el tiempo necesario a explicar, cuando surja la ocasión y empleando conceptos simples, cómo funciona el cuerpo del niño. Creemos que se trata de «momentos didácticos». Por ejemplo, cuando un niño de 2 años tiene dolor de estómago, es adecuado tranquilizarle diciéndole que en breve se pondrá bien. También resulta oportuno explicarle que algunas de las cosas que comemos no son demasiado buenas para el estómago y que pueden causar trastornos. Esta explicación tan simple puede ayudar al niño a que empiece a pensar cómo funciona su cuerpo y a que entienda que no todo lo que introducimos en el organismo es bueno para nosotros.

Los rasguños que los niños sufren en el jardín constituyen también momentos didácticos. Al limpiar las heridas es posible que el niño sienta curiosidad o temor al ver sangre en su rodilla. Ésta puede ser una oportunidad para explicarle que la sangre no es algo que deba dar miedo, ni es nada malo, sino que, de hecho, es una sustancia que fluye por todo el organismo y que transporta al cerebro la energía procedente de los alimentos para que podamos pensar, a los músculos para que podamos movernos y jugar, y a los huesos y las articulaciones para que podamos crecer. Es posible que le sorprenda el interés y las preguntas que suscitarán estas explicaciones. Pero usted no tiene que ser fisiólogo o médico para contestarlas. Decir sencillamente lo que sepa sobre el tema servirá para transmitir el importante mensaje de que usted se preocupa por el cuerpo del niño y por su salud, y que el organismo no es una misteriosa caverna, sino que se trata de un maravilloso conjunto de órganos con un sentido propio, que hace que seamos quienes somos.

Las pequeñas infecciones también son una excelente oportunidad para impartir estas enseñanzas. Cuando un niño padece una infección de oído y se le están administrando antibióticos, se presenta la ocasión de comentar diversas ideas importantes. En primer lugar, hay que resaltar que existen diferencias entre un fármaco y un alimento: un fármaco se toma por una razón específica (eliminar los gérmenes que hacen que uno esté enfermo) y sólo durante el tiempo que es preciso. En segundo lugar, los fármacos únicamente se deben administrar después de haber consultado con el médico, y ello debido a que éste ha empleado muchas horas en aprender lo que es bueno para el paciente y bajo qué circunstancias debe administrarse el medicamento. Si el niño siente curiosidad acerca de cómo es posible que un medicamento que ingiere por la boca sirva para mejorar su dolor de oído, usted tendrá la oportunidad de explicarle que los alimentos que comemos y las bebidas que tomamos son distribuidos por la sangre a cada uno de los rincones del organismo.

No tiene que forzar el sacar a colación estos temas al dialogar con el niño. La alusión despreocupada a cualquiera de estas cuestiones puede tener una importante incidencia. A menudo, los niños asimilan la nueva información de forma silenciosa y, transcurrido algún tiempo, cuando ya han tenido oportunidad de reflexionar sobre la cuestión, formulan alguna pregunta. Hemos descubierto que existe cierto paralelismo en las conversaciones acerca del sexo. Parece que sólo hacen preguntas sobre la información que necesitan o que pueden interpretar en ese momento. Las preguntas más sofisticadas (y una conversación más profunda) tendrán lugar más tarde. La cuestión es que un comentario despreocupado, en el que se transmite muy poca información, significa plantar una semilla, que podrá germinar y derivar en una serie de importantes conversaciones futuras. Otro beneficio que conllevan estos comentarios es que invitan al niño a pensar sobre ellos y, lo que es más importante, a hacer preguntas con posterioridad.

Tal vez éste sea el objetivo más importante: conseguir que el niño se sienta cómodo hablando con usted acerca de temas «difíciles», como las drogas, el sexo y las relaciones sexuales. Si usted planta de forma temprana la semilla de la confianza, siendo paciente, abierto y accesible, habrá creado el escenario adecuado para una excelente comunicación futura.

ESCUCHE CON ATENCIÓN Y PROCURE CONOCER EL TEMA SOBRE EL QUE ESTÁ HABLANDO

A medida que los niños se hacen mayores, sus preguntas son más difíciles de contestar. Esto es positivo puesto que proporciona la oportunidad de tener una conversación más detallada. Sin embargo, también plantea algunos retos. La mejor forma de prepararse para esto es documentarse acerca de las drogas y aprender a escuchar con atención. Muchas veces no se conversa sobre drogas debido a que el adulto se siente incómodo o «no cualificado» para mantener la conversación. Cuanto mayor sea su conocimiento, menos le sorprenderá que se suscite la conversación y más oportunidades encontrará para iniciar usted el diálogo: «¿Has leído ese artículo del periódico que explica que las pequeñas dosis de alcohol protegen de las enfermedades cardíacas?», «La otra noche vi un programa de televisión que trataba de una droga que se llama éxtasis; parecía una sustancia bastante peligrosa». Los niños y los adolescentes se enfrentan a una auténtica avalancha de información, gran parte de la cual es bastante deficiente. Es posible que crean que conocen lo concerniente a un determinado tipo de droga porque han leído algo sobre ella en una página de Internet o en una revista, pero estas fuentes son verdaderamente poco fiables. Si usted conoce los hechos científicos elementales, estará en disposición de criticar de forma sosegada la información errónea y los mitos.

Saber escuchar es también un método excelente para conseguir que se tengan en cuenta sus puntos de vista. Cuando un niño o un adolescente le diga que usted realmente le está escuchando, le estará indicando no sólo que usted se preocupa, sino también que usted está entendiendo lo que le dice. Ambos aspectos son fundamentales. Por lo tanto, es importante dejar que el niño exprese todo lo que tiene que decir sobre el tema. Incluso si algo de lo que dice le asusta o le causa enfado, es necesario que usted le permita explicarse. También es adecuado que le haga saber lo que usted siente respecto a su forma de pensar, pero recuerde que es posible que él también tenga temores o manifieste enfados respecto al tema y que confíe en que usted se mantendrá tranquilo y predispuesto a ayudarle. Pese a su aparente independencia y rebeldía, los adolescentes, en el fondo, siguen siendo niños y buscan orientación y apoyo en los adultos. Por lo tanto, su tarea consiste en encontrar el justo equilibrio entre utilizar su poder y su influencia sobre ellos y proporcionarles la ayuda y el ánimo necesarios. Gran parte de esta labor está relacionada con su *administración de la autoridad.*

Existe una gran diferencia entre ser *autoritario* y tener *autoridad.* Una respuesta autoritaria es aquella que recurre al poder sin considerar ninguna otra circunstancia: «¡Porque yo lo digo !». Cuando una conversación con un adolescente se convierte en una lucha de poder, nadie gana. Una respuesta investida de autoridad es muy distinta. Está más basada en el conocimiento que en el poder. El poder es un telón de fondo de la conversación (los jóvenes lo saben sin necesidad de que se les diga), pero no se esgrime frontalmente. Cuando adopte una postura de autoridad, usted escuchará para asegurarse de que su respuesta aborda las cuestiones suscitadas. Desde esta perspectiva usted recurrirá al conocimiento y a la experiencia para elaborar una respuesta razonada. Esto no significa que usted no ejerza su autoridad, sino más bien que recurre a ella de manera óptima, de forma que el joven con el que está hablando se sienta comprometido, en lugar de distanciado.

Entonces, ¿qué es lo que debe decir? No existen pautas claramente definidas. Para obtener unos resultados óptimos, debe basarse en el conocimiento que tenga del joven con el que trata. Las investigaciones demuestran que es durante la enseñanza secundaria cuando los jóvenes realmente aprenden cosas sobre las drogas. Esto es lógico si se piensa que en ese momento cambian sus capacidades mentales y su entorno social. Los chicos, a esa edad, se hacen más independientes y aprenden a cuestionar la autoridad. En los siguientes capítulos de esta obra ofrecemos diversos consejos acerca de lo que hay que decirles. Muchas de estas recomendaciones son adecuadas para los adolescentes, puesto que es en esa edad cuando es más probable que se tengan conversaciones sobre las drogas. Pero, como hemos puesto de manifiesto anteriormente, los niños pequeños también pueden aprender a respetar su cuerpo y a mantenerlo sano. Naturalmente, algunos niños de corta edad acudirán a usted con preguntas específicas sobre las drogas (después de alguna referencia que se haya hecho en los medios de comunicación, de haber oído alguna historia en el patio de la escuela, o al asistir a algún programa de educación sobre las drogas impartido en el ámbito de la escuela primaria). En estos casos, recomendamos contestar las preguntas de forma directa, así como escuchar al niño para determinar qué es lo que realmente quiere saber. No intente ofrecer demasiada información a un niño pequeño. Si usted tiene establecida una buena comunicación con él, le preguntará más cuando esté preparado. En resumen, exponga a los niños pequeños ideas generales referentes a una buena salud y al funcionamiento del cerebro y del resto del organismo; y hable de forma más específica sobre las drogas y sus efectos con los adolescentes y los jóvenes universitarios.

PROCURE QUE LOS NIÑOS TOMEN SUS PROPIAS DECISIONES

Las estrategias de comunicación que hemos expuesto ofrecen la información y el permiso necesarios para que el niño tome sanas decisiones. El siguiente reto es tener confianza y controlar el proceso. Más tarde o más temprano, los niños crecen y empiezan a pensar por sí mismos, independientemente de lo que nosotros hagamos a este respecto. Esto significa que, como padres o mentores, dispondremos sólo de un espacio de tiempo limitado. Es importante utilizar bien ese tiempo.

Hemos de ofrecer algo más que hechos científicos, amor y apoyo. También es fundamental que dejemos que los niños sepan que pueden resistir la presión de sus compañeros y de los medios de comunicación respecto a las drogas y otros peligros. Todos los niños experimentarán estas presiones (es sencillamente imposible aislarlos por completo), por lo tanto debemos permitir que sepan que la decisión les corresponde a ellos. Nosotros podemos estar dispuestos a ayudarles, pero habrá muchas ocasiones en las que no recurrirán a nosotros, y es conveniente que nos sintamos seguros de que les hemos preparado lo mejor posible.

En ocasiones, todo lo que el niño precisa para resistir la presión es saber que no todo el mundo consume drogas, ni tan siquiera las prueba. El abuso del alcohol por parte de los jóvenes universitarios es un buen ejemplo. Durante los últimos años se ha prestado mucha atención a las fiestas de los campus universitarios, en las que muchos estudiantes de primer curso suponen que prácticamente todos los estudiantes beben en exceso. La realidad es que, aun cuando el 20 % de los estudiantes universitarios beben de una forma abusiva, un porcentaje similar son abstemios absolutos; y el resto de estudiantes entran dentro de una clasificación intermedia, lo que significa que beben de una forma moderada. Cuando se facilita esta información, muchos estudiantes noveles se sienten aliviados al saber que no tendrán que beber de forma abusiva para adaptarse a la dinámica universitaria. Actualmente se están realizando diversos estudios excelentes sobre las pautas de consumo de drogas entre los niños y los adolescentes. La atención de los medios de comunicación se centra principalmente en las tendencias observadas: cuál es el aumento porcentual de jóvenes que consumen drogas respecto al constatado hace cinco años, etc.

No es difícil entender que a los niños pequeños les reconforta la estabilidad y la coherencia. Es posible que no siempre les gusten las normas, pero valoran y necesitan la claridad. Cuando las aspiraciones y la forma de reaccionar de los padres son claras y consistentes, los niños saben el lugar que ocupan. Posteriormente, cuando constatan que el mundo externo a la familia es menos previsible, es posible que se enfrenten a él con confianza.

Si usted es madre o padre y vive con su pareja en casa, ambos deben hablar previamente sobre cuáles deben ser las normas de la familia. Es importante que los adultos estén en sintonía. Si no tiene pareja dedique algún tiempo a pensar en las reglas que deben regir su hogar. Pida consejo. ¿Cuáles son sus objetivos? Si usted es un profesor, amigo, mentor, pastor religioso o facultativo que está tratando con una familia, recuerde que las normas que rigen su propio hogar no son necesariamente las mejores para otras familias. Si le piden consejo, escuche con atención lo que la familia le dice acerca de cómo viven y piensan. De esta forma usted podrá ser más objetivo y un mejor consejero.

De acuerdo con este planteamiento, no vamos a propugnar ninguna regla familiar específica. Sin embargo, creemos más aconsejable una actitud intervencionista que una que no lo sea. En general, cuanto más implicados están los padres y los cuidadores en la vida de los niños, menos probable es que éstos tengan problemas con las drogas y, al mismo tiempo, es más probable que estos niños expliquen que tienen una relación positiva con sus padres.

Pero ¿por dónde debe empezar? Una posibilidad es analizar qué reglas han demostrado ser útiles para otras personas. Un estudio reciente, realizado por el National Center on Addiction and Substance Abuse, sobre una muestra de unos mil adolescentes norteamericanos observaba doce conductas dentro del seno de la familia y preguntaba si su incorporación a las normas familiares afectaba a las relaciones de esos jóvenes con su familia o a la probabilidad de consumir drogas. Las conductas sobre las que se preguntaba eran las siguientes:

- ¿Controla lo que sus hijos adolescentes ven en la televisión?
- ¿Controla lo que sus hijos adolescentes hacen en Internet?
- ¿Efectúa restricciones respecto a qué tipo de CD compran?
- ¿Sabe dónde van sus hijos adolescentes después del colegio y durante los fines de semana?
- ¿Sus hijos adolescentes le dicen la verdad cuando le explican dónde han ido?
- ¿Está «muy al corriente» del rendimiento académico de sus hijos adolescentes?
- ¿Impone una hora de llegada a casa?
- ¿Deja claro que le «disgustaría sumamente» saber que fuman porros?
- ¿Cena con sus hijos adolescentes seis o siete noches a la semana?
- ¿Apaga la televisión durante la cena?
- ¿Asigna con regularidad tareas a sus hijos adolescentes?
- ¿Hay algún adulto en casa cuando los adolescentes regresan del colegio?

Todas estas conductas son indicativas de que existe una actitud de intervención respecto a los adolescentes. Los investigadores consideraban que una familia era intervencionista si los padres incorporaban de forma sistemática diez o más de estas reglas a la vida familiar. En este tipo de familias, el 47 % de los adolescentes decía tener una relación «excelente» con su padre y el 57 % decía tenerla con su madre. En cambio, en las familias consideradas coo intervencionistas sólo el 13 y el 24 % de los adolescentes ~uestados decía tener una relación excelente con su padre y con ~u madre, respectivamente. ¡Se trata de una diferencia impresionante! Una actitud intervencionista tiene un efecto positivo extremadamente poderoso en las relaciones familiares, lo cual tiene una lógica. Si usted sabe dónde van sus hijos después del colegio y cena con ellos seis o siete noches a la semana, es natural que exista un conocimiento recíproco. De este tipo de actitudes suelen surgir cosas positivas. Los niños de las familias intervencionistas suelen tener también menos riesgo de fumar, beber y consumir drogas.

LOS ADULTOS SON UN MODELO DE CONDUCTA RESPECTO AL CONSUMO DE DROGAS. ¡HÁGALO BIEN!

A menudo, los jóvenes observan a los adultos para orientarse sin pedir directamente que se les guíe (a veces se limitan a mirar y a copiar). Los educadores y los psicólogos denominan a este proceso «imitación del modelo», porque los jóvenes suelen comportarse de acuerdo con lo que observan hacer a los adultos. Puede resultar alarmante observar nuestro propio comportamiento y constatar que hay aspectos que no desearíamos que ellos imitaran. Pero el papel de modelo también brinda innumerables oportunidades para enseñar sin necesidad de pronunciar palabra alguna.

Si un joven observa que usted adopta decisiones prudentes respecto a la salud y al consumo de drogas, él también será cuidadoso en sus elecciones. Una de las cosas más importantes que un niño puede verle hacer es formular preguntas cuando deba tomar alguna decisión concerniente a alguna sustancia que tenga que introducir en su organismo. Nadie sabe todo lo que debería saberse sobre medicamentos, suplementos dietéticos, vitaminas y remedios que no precisan prescripción facultativa. Si sus hijos ven que usted lee los prospectos y los comenta con su médico, su farmacéutico, su cónyuge o un amigo, aprenderán que no representa un problema el admitir que se carece de ciertos conocimientos respecto a los fármacos, y que es oportuno formular preguntas y debatir las diversas opciones.

Esta actitud también lleva inherente el mensaje de que se puede disponer de la información necesaria para adoptar decisiones saludables. Existen buenas fuentes de información, y los niños han de saber que esas fuentes están ahí y son asequibles. Por otra parte, hay gran cantidad de información deficiente, especialmente en Internet, donde el control de calidad es prácticamente inexistente. Por lo tanto, también es importante que usted ponga de manifiesto su valoración minuciosa de la información que maneja.

El papel de modelo plantea otras dos cuestiones importantes: qué debe explicarle a sus hijos acerca de las propias experiencias con las drogas y por qué se considera correcto que los adultos consuman ciertas drogas que, sin embargo, están vetadas a niños y adolescentes. Muchas personas, que hoy en día son padres o madres, educadores y terapeutas, han tenido algunas experiencias como consumidores de drogas, lo cual les puede resultar útil para comunicarse con los jóvenes, independientemente de que se decida, o no, explicar las experiencias personales concretas. La duda es: ¿debe contarle a un adolescente sus propias vivencias como consumidor de drogas?

No existe una única respuesta válida para todo el mundo. Indudablemente, desde el punto de vista de algunos terapeutas y otros profesionales que realizan terapias en relación con las drogas, las revelaciones personales sobre el consumo anterior de estas sustancias constituyen parte del proceso de tratamiento. Se trata de una cuestión clínica que no corresponde abordar en este libro. Pero, ¿qué sucede con otras personas, como padres, maestros, sacerdotes y consejeros? Aquí se tienen que valorar algunos importantes pros y contras. El motivo más convincente por el cual se debe evitar compartir las experiencias personales respecto al consumo de drogas es que ello puede constituir una especie de permiso: «Tú lo hiciste; así pues, ¿dónde está el problema?». Argumentos como «entonces las cosas eran diferentes », o «antes las drogas eran menos fuertes» son sencillamente insostenibles.

Por otra parte, desde otro punto de vista, hay quienes argumentan que la sinceridad respecto al consumo ocasional que se haya hecho de las drogas puede favorecer una comunicación sincera entre usted y el adolescente. Tal vez sea así, pero recuerde que los jóvenes y los adultos no siempre interpretan las cosas de la misma manera. Lo que para usted puede ser una conversación sincera y abierta, al adolescente le podría resultar confusa e incluso intimidatoria. Sin embargo, conviene reiterar, una vez más, que ésta es una decisión individual que debe tomarse muy en serio. De cualquier forma, le recomendamos que sea muy cauteloso respecto a revelar sus propias experiencias de consumo.

Con independencia de que se decida o no aludir al consumo que se haya podido realizar, es muy importante tener en cuenta un aspecto relacionado con esta problemática: ¿por qué se acepta que los adultos hagan determinadas cosas que se vetan a los niños? El alcohol y la nicotina son legales para los adultos, pero no para los niños. ¿Existen buenas razones para que esto sea así o se trata sólo de una postura autoritaria? Creemos que existen buenas razones, las cuales proporcionan una excelente oportunidad para enseñar algunos aspectos, sencillos pero fundamentales, respecto al cerebro. Actualmente está demostrado que el cerebro de los adolescentes (y el de los adultos jóvenes) se encuentra todavía en un periodo de desarrollo. Este hecho implica que las posibilidades del cerebro son excelentes y que, al mismo tiempo, el riesgo es muy grande. Expresado de forma sencilla, el cerebro del adolescente y el del adulto joven todavía no han terminado de crecer, y este desarrollo que aún deben experimentar es fundamental para las capacidades sociales y cognitivas que tendrá el individuo en la edad adulta. La adolescencia es un momento clave para el sistema de conexiones cerebrales y conviene tomarse en serio esta circunstancia, pues todavía se están configurando las características que tendrá el cerebro del adulto.

EL CEREBRO DEL ADULTO Y EL CEREBRO DEL NIÑO SON DISTINTOS

El hecho de que el cerebro del adulto es distinto al del niño es algo que probablemente se conoce desde hace siglos, pero en la actualidad se ha constatado la gran diferencia que realmente existe. No hace mucho tiempo (cuando éramos más jóvenes y nos estábamos preparando para ser neurocientíficos) nos enseñaron que todo el desarrollo cerebral importante se completaba en los primeros años de la infancia. Sin embargo, ahora se sabe que este desarrollo continúa *por lo menos* hasta que el individuo tiene algo más de veinte años. Muchas de las personas con las que hemos hablado consideran que esta nueva información científica es una de las herramientas más efectivas cuando se tiene que dialogar con los jóvenes acerca de las drogas.

La parte del cerebro que según parece experimenta un mayor desarrollo durante la adolescencia son unas amplias regiones que se encuentran justo detrás de la frente y que se denominan *lóbulos frontales*. Los más recientes estudios médicos de neuroimágenes ponen de manifiesto este hallazgo. Los lóbulos frontales son quizá los principales responsables de nuestra capacidad para procesar información muy especializada y para planear nuestras vidas de forma ordenada y efectiva. Dado que estas funciones de los lóbulos frontales tienen un efecto tan poderoso sobre la organización de las restantes funciones mentales, se han denominado «funciones ejecutivas». Se compara el papel que desempeñan los lóbulos frontales en la organización de las funciones de otras regiones cerebrales con el papel de un ejecutivo en una empresa: coordina y dirige las acciones de los demás hacia objetivos complejos y específicos. Cuando los lóbulos frontales quedan dañados o enferman, la persona sufre un déficit en su capacidad para planear y conseguir objetivos, para aprender ciertos tipos de información compleja y para solucionar problemas. También puede tener dificultades con el autocontrol y puede cometer errores en la valoración de las implicaciones de su propio comportamiento.

Los investigadores están apenas empezando a estudiar los efectos singulares que tienen las drogas sobre el cerebro en desarrollo. Sin embargo, ya sabemos que los efectos del alcohol difieren bastante según cuál sea la edad de la persona que lo consume (véase el capítulo sobre el alcohol para más detalles), y lo mismo puede pasar con otras drogas. La cuestión que realmente asusta es si la exposición del cerebro a determinadas drogas durante su desarrollo puede modificarlo (tal vez alterando la función para toda la vida). Desde hace décadas se sabe que la exposición al alcohol y a otras sustancias químicas durante el desarrollo prenatal puede dañar al cerebro. En la actualidad, se está considerando la posibilidad de que exposiciones posteriores también tengan incidencia.

EL DESCUBRIMIENTO DEL PROBLEMA Y POSIBLES RESPUESTAS

No existe una fórmula bien definida para reconocer cuándo una persona empieza a tener problemas con las drogas. En ocasiones, un padre, una madre, un profesor o un entrenador tienen la intuición de que algo va mal. A veces se presentan claras señales de alarma. Es importante prestar atención a las corazonadas, pero no se debe reaccionar de manera exagerada. Puede suceder que se produzcan algunas señales típicas de alarma sin que exista ningún tipo de consumo de drogas. Por lo tanto, es conveniente ser prudente en el juicio y mantener la calma. Abordar el problema de una forma comedida es siempre lo mejor. A continuación se relacionan algunos indicios a los que se debe prestar atención.

Cambios en el comportamiento o en la actitud:

- súbita caída en las calificaciones académicas o en las actividades escolares,
- disminución de la implicación o de la locuacidad en el hogar,
- repentino cambio de amistades,
- pérdida de la motivación, especialmente respecto a las actividades preferidas anteriormente,
- aumento de la necesidad de disponer de dinero,
- hermetismo, irritabilidad y mentiras,
- problemas de aprendizaje, memoria y atención.

Cambios físicos:

- pérdida de energía,
- cambios de apetito o de peso,
- cambios en el modelo de habla (comerse las palabras o expresarse de forma lenta, rápida o precipitada),
- pupilas dilatadas u ojos enrojecidos de manera sistemática.

Si bien estas señales pueden ser útiles como primer indicador de que existe un problema, es importante recordar que también se pueden presentar por otros motivos distintos al consumo de drogas. Todo el mundo reacciona de forma algo diferente al estrés, a los cambios de la vida y a los efectos de las drogas; por lo tanto, si se conoce bien a un joven resulta mucho más sencillo percibir los cambios que pueden ser indicativos de la existencia de un problema. Si usted ha tenido la oportunidad de establecer una relación coherente y comunicativa, es bastante más probable que se dé cuenta de estos cambios. Por ejemplo, un niño que habitualmente es expresivo con su familia o en el colegio puede empezar a mostrarse retraído en estas relaciones. Usted no constatará el cambio si no ha dialogado con él de forma regular. Sin embargo, si usted percibe su inhibición o que adopta una actitud más callada, es importante no extraer conclusiones precipitadas. Hay multitud de motivos por los cuales un chico, especialmente en edad adolescente, puede mostrarse «retraído» en determinados periodos de tiempo. Recuerde, a medida que un niño crece se producen muchos cambios físicos y de relación social. Puede intentar aproximarse a él con calma y de forma comprensiva, hacerle saber que ha observado un cambio de actitud y preguntarle si hay algo sobre lo que desea hablar o si le puede ayudar de alguna manera. Incluso si declina el ofrecimiento, el solo hecho de acercarse a él puede satisfacer su necesidad de seguridad y apoyo.

Si usted continúa estando preocupado acerca de la existencia de un posible problema, es importante que mantenga sus sentidos alerta, al tiempo que debe evitar enfrentamientos innecesarios y convertirse en un detective en la búsqueda permanente de «pruebas». El chico puede descubrir que lo están espiando y reaccionar volviéndose aún más reservado y desconfiado. Esto no significa que usted deba adoptar una actitud no intervencionista, que sería justamente el extremo opuesto. Es un momento en el que debe estar lo más implicado posible en el problema, pero ha de combinar una atenta observación del comportamiento del chico con el mensaje coherente de que en cualquier caso permanecerá «a su lado».

Se trata de un equilibrio difícil de conseguir, y no existe una fórmula clara que establezca cuál ha de ser su actuación. Quizás el ejemplo de una de nuestras vivencias le pueda proporcionar una referencia que le sirva para reflexionar sobre su propia situación.

Cierto día, cuando su hija tenía 13 años, Scott llevó una cesta de ropa limpia a su dormitorio. Cuando la hija regresó a casa y observó lo sucedido, se dirigió hacia su padre, nerviosa, y le pidió que no volviera a entrar en su habitación cuando ella estuviera ausente. Scott vio la oportunidad para establecer algunas normas y para entablar un diálogo. La chica explicó que deseaba que su habitación fuera un lugar privado; se sentía incómoda si alguien entraba y salía de su dormitorio sin estar ella presente. Scott reprimió sus deseos de manifestarle quién pagaba la hipoteca y, en cambio, le dijo que tendría en cuenta su petición de privacidad, pues a él también le gustaba disfrutar de un espacio reservado. No obstante, añadió que como padre tenía que responsabilizarse de su bienestar, lo cual hacía que fuera un poco complicado respetar esa intimidad que ella reclamaba. A Scott le estaba costando explicar el conflicto existente entre respetar la intimidad y asumir su responsabilidad respecto a la seguridad de su hija, hasta que se le ocurrió un ejemplo. «Tú sabes que cuando visito a los pacientes en el hospital se me exige que guarde el secreto de lo que me explican. Tengo que respetar su privacidad de igual forma como respeto la tuya. De lo contrario no podrían explicarme lo que yo necesito saber para ayudarles.» La muchacha entendió tanto la importancia que desde el punto de vista médico tiene la confianza como la obligación ética de la confidencialidad médico-paciente. Scott prosiguió: «Pero al principio del tratamiento, siempre tengo que decirles a mis pacientes que si estimo que su situación puede entrañar un peligro para ellos mismos o para los demás, tendré que ponerme en contacto con las personas indicadas a fin de salvaguardar su integridad». Ella lo entendió. «Así pues, ¿qué te parece si llegamos al mismo acuerdo con respecto a tu habitación? Yo confío en ti y pienso que tomas las decisiones adecuadas. Por lo tanto, me mantendré apartado de tu cuarto mientras considere que vigilas por ti misma y no haces nada que te pueda poner en peligro.» Éste continúa siendo el pacto que hay entre ellos. Ambos obtuvieron más de lo que deseaban. La hija de Scott se aseguró la intimidad de su dormitorio, mientras que Scott se reservó la posibilidad de entrar en él si realmente tenía alguna duda respecto a la seguridad de su hija. Y lo que es más importante, ambos mantuvieron una relación basada en la mutua confianza y llegaron a un entendimiento basado en esa confianza.

¿Qué debe hacer si descubre que existe un problema? Lo primero que tiene que recordar es que será más efectivo si actúa con rapidez y decisión, *¡pero no usted solo!* Los problemas relativos al consumo de drogas son complejos y requieren atención profesional, preferiblemente prestada por un equipo de facultativos, que debe incluir a expertos médicos y a expertos en comportamiento. Si vive cerca de algún centro médico importante, es posible que cuenten con una clínica para el tratamiento de las drogodependencias; asimismo, muchos hospitales disponen de departamentos clínicos específicos para tratar a los adolescentes. El médico de cabecera o el tutor escolar pueden ayudarle a encontrar el lugar idóneo para este tratamiento. Es posible también que en el listín telefónico aparezca una relación de números a través de los cuales se puede poner en contacto con personas que le orientarán respecto a los sentimientos experimentados en esos momentos, al tiempo que le guiarán en la determinación de una estrategia de tratamiento.

Si reside en un lugar donde no existe un equipo de tratamiento, es importante que sepa que distintos profesionales le darán un enfoque diferente al problema del consumo de drogas por parte del adolescente. Con toda probabilidad, un médico, una enfermera o un auxiliar clínico abordarán primero la faceta física del problema y se querrán asegurar de que no existe una crisis médica aguda. Éste siempre es un buen punto de partida. Una vez que se haya determinado que no existe un problema médico, lo más probable es que el profesional sanitario le remita a alguien que le pueda ofrecer una orientación respecto al tratamiento comportamental a seguir, como un psiquiatra, un psicólogo o un asistente social. Con frecuencia, estos profesionales desarrollan técnicas en parte coincidentes y pueden darle varios enfoques al problema. Los psiquiatras son médicos especialmente formados para prescribir medicamentos con los que tratar problemas de razonamiento y de comportamiento. Algunos recurren también a la psicoterapia. Por lo tanto, es importante hablar con el psiquiatra respecto a si prescribirá principalmente fármacos o si, por el contrario, su actuación tenderá a darle al problema un enfoque más psicoterapéutico (esto es, a través del diálogo). Los psicólogos clínicos son licenciados especialmente formados para utilizar la psicoterapia y otras técnicas comportamentales con el objeto de modificar el comportamiento, la forma de razonar y los sentimientos. No prescriben fármacos, pero pueden «prescribir» determinados tipos de ejercicios conductuales o recomendar la realización de ciertas tareas con el fin de ayudar a la persona a modificar las pautas de conducta que la han conducido al consumo de drogas. Los asistentes sociales tampoco son profesionales médicos ni prescriben fármacos, pero pueden aplicar la psicoterapia y otras técnicas conductuales con el objeto de romper el círculo vicioso que conduce al consumo de drogas. A menudo, los psicólogos y los asistentes sociales están interesados en trabajar también con las familias. La teoría subyacente a este requerimiento es que los problemas de drogas no se presentan de forma aislada y que comprender cómo funciona la familia puede ser de gran ayuda.

Con independencia del tipo de tratamiento profesional que se desarrolle hay dos aspectos que son fundamentales: la persona que lo imparta debe ser licenciada en su especialidad y debe tener experiencia en el tratamiento de problemas con las drogas. Existen listados de médicos, psicólogos y asistentes sociales titulados, así como de terapeutas para tratar las drogodependencias. Asegúrese de que la persona con la que contacte está cualificada.

2

Conocimientos básicos sobre las drogas

La nuestra es una cultura consumidora de sustancias. Tomamos suplementos nutricionales, antibióticos para curar infecciones, fármacos para tratar enfermedades y sustancias para estimularnos o relajarnos ligeramente. Tratamos dolencias graves como el asma, la hipertensión y el cáncer administrando determinados medicamentos. Tomamos vitaminas e ingerimos alimentos enriquecidos con complejos vitamínicos y hierbas. Estos hábitos son adecuados y han propiciado que seamos una de las poblaciones más sanas en el mundo. Sin embargo, hay ciertas sustancias cuyas características conducen a las personas a un ciclo compulsivo y dañino para la salud de búsqueda y consumo de las mismas.

Por una parte, las empresas de publicidad tratan de convencernos, a través de todos los medios disponibles (radio, televisión, periódicos y revistas), para que consumamos ciertas sustancias y suplementos. Debemos ser prudentes y comprobar los reclamos que se hacen en los medios de comunicación. Por otra, son muchas las personas que muestran una creciente preocupación por las drogas y de forma supersticiosa evitan incluso aquellas sustancias necesarias para combatir la enfermedad. Sin embargo, algunas de estas mismas personas consumen remedios a base de hierbas de composición desconocida o cuya eficacia no está probada.

El primer paso que hay que dar cuando se habla con los niños sobre las drogas es explicarles qué son las drogas y enseñarles a distinguir las sustancias que sirven para tratar las enfermedades de aquellas otras que son dañinas para la salud y que resultan adictivas.

Este capítulo tiene por objetivo ayudarle a comprender qué son las drogas en general y, al mismo tiempo, guiarle en la observación de sus propias actitudes respecto al consumo de ciertas sustancias.

Las cosas más importantes que deben saberse acerca de las drogas

1. ¿QUÉ ES UNA DROGA?

Una droga es cualquier sustancia que una persona introduce en su organismo con la intención de modificar su funcionamiento. Las propiedades físicas (planta o compuesto químico), el coste, el motivo de su administración (tratamiento de una enfermedad o diversión) o la fuente (fórmula o suplemento alimentario) no tienen incidencia en la determinación de si una sustancia se considera que es una droga o no. A continuación se ofrece una lista de sustancias que se consideran drogas, en la cual se incluyen algunas que seguramente usted no sospechaba, con algunos breves comentarios acerca de sus generalidades.

Suplementos nutricionales: en las tiendas de alimentos naturales y en las tiendas de comestibles en general se pueden encontrar vitaminas, suplementos nutricionales específicos, como aminoácidos, y gran variedad de hierbas. Estas sustancias se toman en forma de pastilla como complemento a las vitaminas y a los nutrientes que contienen los alimentos. Aunque se trata de sustancias necesarias para el organismo, cabe la posibilidad de que se tomen en exceso. Por ejemplo, aunque no es frecuente, un exceso de vitamina A puede hacer enfermar a una persona.

Suplementos nutricionales en los alimentos: a algunos alimentos (leche, pan, cereales) se les añaden vitaminas de forma siste-

38

mática. Esta práctica ha eliminado casi por completo en Estados Unidos las enfermedades provocadas por déficit vitamínicos. Las cantidades que se añaden son suficientes y representan un modo muy útil de mantener una nutrición óptima.

Fármacos a base de hierbas: ese tipo de fármacos se venden como medicamentos naturales en forma de hojas sueltas, tés o cápsulas. También se encuentran en bebidas enriquecidas y barritas. El problema con estos preparados es que no se controla ni la calidad ni la cantidad que contienen. Algunos, como la efedrina (ma huang), son eficaces, pero pueden causar problemas si se consumen en exceso. De otros, como el ginseng y el gingko, no se han demostrado los beneficios médicos; es probable que no resulten nocivos, pero sus ventajas para la salud no están todavía probadas.

Cafeína: la cafeína es una droga psicoactiva (una sustancia que modifica el comportamiento al actuar sobre el cerebro) que está presente en muchas bebidas, incluyendo la soda, el café y el té; también está en el chocolate, aunque en pequeñas cantidades. Asimismo contienen cafeína ciertos medicamentos que se obtienen sin receta médica y que sirven para el dolor de cabeza, para mantenerse despierto y para quemar grasas.

Bebidas alcohólicas: el alcohol que se ingiere con una comida, como puede ser la cerveza o el vino, constituye un ejemplo de droga psicoactiva administrada junto a alimentos habituales.

Nicotina: la nicotina está disponible en varias presentaciones. Normalmente se consume en cigarrillos, puros, rapé o tabaco de mascar. En la actualidad, los chicles y los parches de nicotina están ampliamente extendidos para dejar de fumar.

Medicamentos disponibles sin prescripción facultativa: muchos fármacos para los que anteriormente se necesitaba receta médica ahora se pueden obtener sin ella. Nos podemos tratar a nosotros mismos recurriendo a medicamentos analgésicos como la aspirina. Podemos comprar fármacos para tratar la acidez gástrica, la obstrucción nasal, la tos, la infección por hongos y otras muchas dolencias. En la mayoría de casos, estos fármacos son seguros y éste es el motivo por el cual pueden adquirirse sin prescripción médica. Sin embargo, siempre debe tenerse presente cómo interactúan estos medicamentos con otros que se puedan administrar, con otras categorías de fármacos que se estén tomando de forma simultánea, así como con determinados alimentos, como el zumo de pomelo, que afecta a la absorción de todo tipo de sustancias.

Medicamentos para los que se precisa prescripción facultativa: los fármacos que únicamente se pueden obtener a través de la prescripción de un médico son sustancias potentes y pueden tener peligrosos efectos secundarios. Además de los que se utilizan para tratar enfermedades físicas, como las infecciones, existen otros fármacos que se emplean para tratar trastornos mentales, como la ansiedad, la depresión y la esquizofrenia. Al igual que sucede con los medicamentos que se pueden adquirir sin prescripción facultativa, éstos también pueden interactuar con sustancias procedentes de otras fuentes, como los remedios herbales y las sustancias presentes en los alimentos.

Drogas «recreativas»: las drogas recreativas son aquellas sustancias a las que la mayoría de personas suelen referirse cuando hablan de «drogas». Con este término se alude a las sustancias que se toman intencionadamente para cambiar el comportamiento. La lista suele incluir la marihuana, la cocaína, las anfetaminas, los opiáceos, como la heroína, y los alucinógenos, como el LSD y el éxtasis. Todas estas drogas afectan al cerebro. Muchas son ilegales debido a que no tienen un uso médico válido (el LSD es un ejemplo). Otras, en cambio, sí que son válidas desde un punto de vista médico, pero normalmente sólo se pueden administrar bajo prescripción (por ejemplo, las anfetaminas y la morfina). *No todas* son adictivas, ni todas son *opiáceos*. Los opiáceos son drogas, como la heroína o la codeína, que inducen un sueño patológico.

Drogas que no se suelen considerar como tales: con frecuencia, cuando se pide a alguien que cite las sustancias que toma, se suele pensar sólo en los medicamentos prescritos y se omiten otras muchas cosas, como las sodas que se beben junto con las comidas (que contienen cafeína), los cigarrillos, las pastillas anticonceptivas, las infusiones o los suplementos vitamínicos.

La ingestión de sustancias para incidir en la salud no es una característica exclusivamente humana. Algunas especies de monos recolectan alimentos medicinales para tomárselos cuando enferman. Por ejemplo, se ha demostrado que los monos infestados de parásitos comen hojas de una especie de planta determinada que mata a los parásitos. Cuando quedan desparasitados, los monos no hacen uso de estas plantas. Nadie entiende cómo los monos saben medicarse a sí mismos de esta forma.

Los humanos no son la única especie que se intoxica a sí misma intencionadamente. Se cree que el efecto estimulante de la cafeína lo descubrieron ciertas tribus al darse cuenta de la energía que tenían sus cabras cuando comían un determinado tipo de fruto silvestre. No es casualidad que muchas de las drogas conocidas que modifican el comportamiento, incluyendo la nicotina, la cafeína, los opiáceos como la morfina y la codeína, la atropina y los alucinógenos, sean sustancias extraídas de las plantas. El motivo por el cual las plantas elaboran estos compuestos continúa siendo un misterio sobre el que se ha debatido mucho. ¿Tratan de alentar la ingestión por parte de los animales para favorecer la dispersión de sus semillas? ¿O bien intentan disuadir a los depredadores? Es probable que la razón sea una combinación de ambas hipótesis.

La conclusión es que las personas toman diversas sustancias para modificar el funcionamiento del organismo. Esto es útil y necesario para sobrevivir, y no debemos ser supersticiosos respecto a los peligros que conllevan. Sin embargo, las hemos de comprar con cuidado y no caer en la tentación de adquirir costosos remedios que no sabemos cómo actúan. Tampoco debemos sustituir los fármacos seguros y efectivos por suplementos de hierbas «naturales» cuya potencia y calidad ignoramos.

2. ¿CÓMO ACTÚAN TODAS ESAS SUSTANCIAS?

Las sustancias de las que hablamos deben dirigirse a la parte del organismo donde son necesarias y actuar allí de la forma deseada, sin extender en exceso sus efectos. En esta sección trataremos estos dos procesos. El valor de esta información va mucho más allá de los conocimientos que son precisos respecto al abuso de ciertas sustancias. Se trata de una información fundamental que las personas han de entender si desean adoptar decisiones inteligentes en relación con su organismo.

¿Cómo conseguir que todas esas sustancias se dirijan al lugar del organismo deseado? En ocasiones es posible colocarlas en el lugar exacto donde se necesitan. Esto es lo ideal. Por ejemplo, se puede tratar la erupción pruriginosa que provoca el veneno de la hiedra frotando una pomada directamente sobre la zona afectada de la piel. Además de las afecciones cutáneas, también se puede tratar directamente el asma a través de la inhalación de un medicamento, situándolo así en el tracto respiratorio. Es posible tratar algunas afecciones oculares con la aplicación de gotas sobre el ojo. Sin embargo, en otros casos es preciso introducir los fármacos en el torrente sanguíneo, desde donde serán conducidos al lugar adecuado. Esto significa que primero deben entrar en la sangre, lo cual no siempre resulta una tarea sencilla. Ello implica también

que, desde allí, las sustancias pueden llegar a cualquier parte del cuerpo. Sencillamente, no es posible enviar un fármaco al hígado o al páncreas de forma específica. Ésta es la principal causa de los efectos secundarios: no podemos restringir la zona a la cual se dirigen los fármacos una vez que entran en el organismo.

La forma más sencilla de introducir los medicamentos en la sangre es inyectándolos directamente en el torrente sanguíneo (por vía intravenosa) o en una zona cercana (debajo de la piel o en el músculo). Algunos medicamentos se deben administrar de esta forma. Por ejemplo, la insulina que reciben los diabéticos se debe inyectar, puesto que esta sustancia es una proteína de tamaño grande que se descompondría en el estómago. Aunque es más rápida (y es la preferida por muchos adictos), la vía intravenosa puede resultar peligrosa debido al riesgo de una sobredosis o de una infección. Uno de los mayores peligros que afrontan los consumidores de heroína en la actualidad, junto a la muerte por sobredosis, es la transmisión del virus del sida, el VIH, a causa de las jeringuillas compartidas. En Nueva York, los médicos estiman que el 30 % de los adictos son seropositivos debido a la utilización de jeringuillas usadas.

La otra vía rápida de entrada de sustancias en el organismo es a través de la inhalación. Esta vía no es apta para todas las sustancias, pero si los pulmones pueden absorberlas, se trata del camino más efectivo después de las inyecciones. Éste es el motivo por el cual fumar cigarrillos y crack tiene un efecto tan rápido. Los pulmones proporcionan una amplísima superficie rodeada de vasos sanguíneos, lo cual facilita que las drogas entren rápidamente en el torrente sanguíneo. En la inhalación de las drogas por vía intranasal (esto es, esnifándolas), la idea es la misma, aunque la efectividad es menor. En este caso, las drogas atraviesan las delgadas membranas de las mucosas nasales y penetran en el torrente sanguíneo. Pero la superficie de absorción que ofrece la nariz es inferior a la que ofrecen los pulmones; éste es el motivo por el cual el método no es tan efectivo.

La forma más sencilla de tomar una sustancia es por vía oral. No obstante, una sustancia así ingerida, antes de llegar al torrente sanguíneo, tiene que absorberse a través de las paredes del tracto digestivo. En un programa que se emitió recientemente por televisión se comparaba la acción de los antiácidos con el de un conocido antihistamínico, y se describía lo que ocurre de una forma bastante precisa: antes de llegar al corazón, el fármaco antihistamínico, que hace disminuir la acidez gástrica, debe atravesar el tracto digestivo. Desde el corazón es bombeado de nuevo al estómago, y una vez allí despliega su acción. Sin embargo, la acción de la mayoría de sustancias no plantea problemas respecto a la rapidez de respuesta, y esta vía segura y efectiva resulta adecuada.

¿Cómo actúan las sustancias una vez que están en el lugar adecuado? Las sustancias viajan en el torrente sanguíneo hasta que encuentran una molécula a la cual adherirse. Cabe imaginar que la sustancia es como una llave, la cual finalmente encaja en una cerradura concreta de la célula. La cerradura se denomina receptor. Con independencia de dónde esté situada esta cerradura, la célula acepta la llave y permite que la cerradura «se abra», lo cual provoca que se empiecen a producir cambios en la célula. Ésta es la forma como actúan ciertas sustancias y el motivo por el cual provocan efectos secundarios.

Los inhaladores que se emplean para tratar la obstrucción nasal proporcionan un excelente ejemplo. La sustancia activa que contienen se adhiere a los receptores localizados en los vasos sanguíneos y provoca que éstos se contraigan, lo cual hace disminuir el flujo de sangre en la nariz y alivia la obstrucción. Cuando el fármaco se administra directamente sobre la mucosa nasal no existe problema alguno: sólo se actúa sobre los vasos sanguíneos nasales. Sin embargo, este fármaco también se puede administrar por vía oral. Cuando se toma en forma de pastillas o jarabe, viaja por todo el organismo. Existen receptores de esta sustancia situados en muchos vasos sanguíneos del cuerpo humano, no sólo en la nariz. Por lo tanto, si se administra una cantidad excesiva de este fármaco, se puede producir un estrechamiento excesivo de los vasos sanguíneos, y ello provoca que aumente la presión arterial. Esta circunstancia puede resultar peligrosa para quienes padecen hipertensión y constituye un perfecto ejemplo de cómo es imposible separar la acción beneficiosa de un fármaco de sus efectos secundarios.

Los inhaladores nasales que hemos descrito anteriormente proporcionan otro ejemplo acerca del motivo por el cual ciertas sustancias tienen efectos secundarios. Cuando se trata una obstrucción nasal, se actúa sobre un sistema normal para convertirlo en anormal. La obstrucción nasal, como consecuencia de un resfriado o una alergia, se produce por la respuesta inmunológica del organismo al virus o a la alergia, pues se liberan diversas sustancias que se acumulan en la zona nasal. No se dispone de ningún método eficaz para revertir este proceso. Por ello, como medida alternativa, se actúa sobre un receptor totalmente normal de un vaso sanguíneo estimulándolo, cuando en realidad el organismo no lo estimularía. Las pastillas anticonceptivas constituyen otro buen ejemplo de modificación de un cuerpo perfectamente sano. Por regla general, esto provoca más problemas que el tratamiento de una enfermedad. En ciertos aspectos, tratar una dolencia resulta más sencillo. Por ejemplo, cuando la glándula tiroides sufre una disfunción, a través de la administración de la hormona tiroidea se puede paliar la carencia y, por lo tanto, se puede devolver la normalidad al sistema que se había alterado.

La conclusión que cabe extraer respecto a ciertas sustancias y sus receptores es que el motivo por el cual funcionan en un determinado sistema no se debe a que se dirijan de forma específica a ese sistema en concreto, ya que llegan a todas las partes del organismo. Una sustancia que se une a un receptor en el hígado afecta a la función de este órgano, pero si se une a un receptor en los vasos sanguíneos incidirá también en la presión arterial. Los efectos beneficiosos de una sustancia y sus efectos secundarios negativos son consecuencia de la misma acción de dicha sustancia, aunque en otro lugar del organismo.

Los anuncios televisivos proporcionan argumentos excelentes para abordar este tema con los niños. Algunos anuncios son veraces, pero otros no explican con suficiente claridad cómo las sustancias llegan al lugar del organismo donde son necesarias. Naturalmente, los anuncios siempre proclaman que el producto actúa en el lugar preciso, y que lo hace de forma más rápida y eficaz que los productos de la competencia; dicen también que su acción es más prolongada y que provoca menos efectos secundarios. Sin embargo, algunas de estas maravillosas cualidades son recíprocamente excluyentes. Por ejemplo, la sustancia que permanece en el organismo durante un espacio de tiempo más prolongado es probable que tenga peores efectos secundarios que aquella que se elimina rápidamente.

3. ¿POR QUÉ MOTIVO LAS SUSTANCIAS DEJAN DE SER EFICACES?

Algunas sustancias dejan de ser eficaces si se consumen de forma habitual. El inhalador nasal descrito anteriormente constituye un buen ejemplo. La sustancia contenida en el inhalador es muy eficaz durante las primeras aplicaciones. Pero la mayoría de personas podrán constatar que si continúan utilizándolo durante días y días, los beneficios que se obtienen van disminuyendo de manera progresiva. Finalmente, algunas personas sufren obstrucción nasal *a menos que* utilicen el inhalador. Quedan atrapadas en un círculo vicioso de administración continuada de la sustancia, el cual es difícil de romper, ya que cuando dejan de administrarse el producto experimentan la misma obstrucción nasal que trataban de remediar al empezar el tratamiento.

Ésta es una situación típica de tolerancia. La *tolerancia* es el estado que se produce cuando una sustancia deja de ser eficaz. Lo que sucede durante la tolerancia es que los lugares específicos donde se encuentran los receptores (las «cerraduras») en la zona nasal se adaptan gradualmente al fármaco del inhalador. Muy pronto, sólo funcionan con normalidad cuando se administra la sustancia. La *dependencia* es la otra faceta de la tolerancia: se refiere al estado en el que el organismo de la persona sólo funciona normalmente si se administra una determinada sustancia. La fase final descrita anteriormente, en la que el consumidor de inhalador nasal únicamente tiene la nariz despejada si utiliza el fármaco, es un estado de dependencia física. El *síndrome de abstinencia* es lo que se siente cuando se padece dependencia. Si el paciente que utiliza el inhalador deja de utilizarlo y sufre entonces una molesta congestión nasal, está padeciendo un síndrome de abstinencia del anticongestivo.

El dolor de cabeza que padecen los consumidores habituales de cafeína si dejan de tomar café es un ejemplo de dependencia que puede resultar familiar incluso a los niños si éstos toman muchas bebidas que contengan esta sustancia. El «dolor de cabeza de fin de semana», que sufren durante las mañanas de los sábados bastantes personas que trabajan en oficinas y que son consumidoras de café, es un ejemplo de síndrome de abstinencia causado por la dependencia de la cafeína. Algunos niños que beben demasiados refrescos de cola padecen dolor de cabeza los lunes por la mañana por idéntico motivo: ¡en el colegio no consumen esas bebidas! Esto no significa que la persona sea adicta a la cafeína. Estos síntomas no tienen nada que ver con los efectos que la cafeína provoca en el cerebro. Creemos que los trastornos se deben a los cambios graduales producidos en los vasos sanguíneos de la cabeza, que son similares a los cambios graduales provocados por el inhalador nasal que se han descrito más arriba.

La tolerancia, la dependencia y el síndrome de abstinencia no se presentan únicamente con las drogas ilegales, el consumo abusivo de sustancias, los opiáceos o las drogas psicoactivas. Se trata de estados que se pueden producir después de consumir cualquier sustancia durante un periodo prolongado de tiempo. La gradual pérdida de eficacia de los antibióticos en algunas situaciones constituye otro tipo de tolerancia. En este caso, la población total de bacterias se hace de alguna forma resistente. Las bacterias de las colonias afectadas mueren, pero las que son resistentes al fármaco sobreviven y se desarrollan.

4. ¿CÓMO ACTÚAN LAS SUSTANCIAS EN EL CEREBRO?

Las sustancias actúan en el cerebro de forma similar a como lo hacen en otros sistemas: para que las sustancias afecten a nuestra forma de sentir o de actuar deben entrar en el sistema nervioso y desbloquear los receptores, o «cerraduras», que se encuentran en él. Ambos eventos son importantes. Existe una barrera celular que mantiene fuera del cerebro a muchas de las sustancias que se encuentran en el torrente sanguíneo. Todas las sustancias que afectan a la manera como se siente una persona, incluidas las recreativas, como el alcohol, y las empleadas para tratar enfermedades, como la fluoxetina (Prozac), pueden cruzar esta barrera.

Una vez que la sustancia penetra en el cerebro se adhiere a cualquier receptor disponible. El proceso básico no difiere del característico del inhalador nasal que provoca que los vasos sanguíneos se estrechen. La diferencia es que las células del cerebro (neuronas) se ocupan de controlar cada uno de los aspectos de nuestro comportamiento. Estos aspectos abarcan desde las funciones automáticas (tales como el control de la respiración y del latido del corazón), los movimientos voluntarios, las acciones de comer y de beber, y el control de otras importantes funciones orgánicas, hasta las funciones complejas, tales como los sentimientos y la memoria. Los receptores de las sustancias que actúan en el cerebro casi nunca se encuentran concentrados en una determinada zona de este órgano. Cuanto más escasos son los receptores, menos funciones vitales quedan afectadas. Los mejores fármacos son aquellos que afectan únicamente a unas cuantas neuronas, de forma que permiten tratar las dolencias sin afectar a las restantes funciones cerebrales. Sin embargo, la mayoría de sustancias afectan a muchas neuronas. Una sustancia como el alcohol, que afecta a un tipo de receptores extendidos por todo el cerebro, es capaz de incidir en prácticamente todas las funciones cerebrales.

5. ¿Qué es la adicción? ¿Cuáles son las sustancias más adictivas?

Si los dolores de cabeza que provoca el síndrome de abstinencia de la cafeína no son adicción, cabe preguntarse: ¿qué es adicción? *La adicción es el uso repetido y compulsivo de una sustancia que se sigue consumiendo aunque el adicto experimente sus consecuencias negativas.* Lo fundamental de esta definición es la pérdida de control sobre el uso de la sustancia. Cuando alguien es adicto, el proceso del consumo de la droga controla su vida. El adicto no desarrolla el tipo de actividades que solía desarrollar, sino que establece nuevas amistades, normalmente basadas en su relación con la droga. Al adicto no le queda tiempo para llevar a ca-

49

bo las actividades gratificantes que otrora disfrutó. Los jóvenes que conocemos, al hablar sobre el tema, comentan que cuando sus amigos se ven realmente envueltos en el consumo de drogas dejan de divertirse, ya que sólo se dedican a salir con otros chicos que también consumen drogas.

De acuerdo con esta definición, alguien que esnife cocaína una vez al mes y pueda tomarla o dejarla de forma voluntaria no es un adicto. Quienes consumen marihuana de forma bastante regular suelen esgrimir este argumento. Así pues, ¿por qué debería preocuparse si sus hijos defendieran el consumo de drogas aduciendo que controlan la situación? Aún así, usted debería preocuparse, puesto que el consumo ocasional de determinadas drogas puede ser tan irresistible que conduzca al desarrollo de una conducta de consumo adictiva; y hay muchos factores que influyen en esta situación y que propician que la persona caiga por esta pendiente resbaladiza.

Afortunadamente, no son muchas las sustancias que suelen conducir a esta incontrolable conducta de abuso. *Entre las drogas altamente adictivas se encuentran: la nicotina, la cocaína, las anfetaminas, la heroína y otros opiáceos.* Muchas de las personas que empiezan a consumir estas sustancias tienen grandes dificultades para dejar de consumirlas o para regular su uso. El alcohol tal vez se encuentre un escalón por debajo en su capacidad para crear adicción. Si bien bastantes personas desarrollan una conducta adictiva en relación con el consumo de alcohol, muchas otras beben alcohol sin caer en pautas compulsivas de consumo. No obstante, conviene recordar que en Estados Unidos el número de alcohólicos es superior a la suma de personas adictas a la cocaína, las anfetaminas y la heroína. El motivo está claro: el alcohol se puede obtener libremente y está socialmente aceptado, mientras que esas otras drogas son ilegales, no están aceptadas socialmente y son difíciles de conseguir.

¿Cuál es la máxima preocupación que deben tener los jóvenes respecto a las sustancias adictivas? Los *cigarrillos*. Pocas personas pueden «consumir o dejar» a voluntad el tabaco. Tal vez sea la sustancia adictiva que más cuesta abandonar. La población adulta tiene libre acceso a los cigarrillos y los jóvenes pueden conseguirlos fácilmente.

Hay otras sustancias que tal vez usted esperaba encontrar en la lista anterior y que no están incluidas. Es el caso de la marihuana, la cafeína, el Valium y otros sedantes. El motivo es que si bien algunos individuos desarrollan conductas compulsivas respecto a su consumo, en la mayoría de personas esto no sucede. Innumerables personas abusan de la marihuana y gran cantidad de gente está preocupada respecto a su consumo de cafeína. Sin embargo, el «ansia» por tomar café no es tan fuerte como el que se siente respecto a la cocaína. La gente desea evitar el síndrome de abstinencia de la cafeína, y por este motivo cada mañana toma una taza de café o de té, pero la atracción química que conduce al consumo no es tan poderosa como en las sustancias incluidas en la lista anterior.

¿Por qué motivo estas sustancias hacen que nos sintamos bien? Aunque la influencia de las compañías, el historial familiar y otros muchos factores sociales influyen en el consumo de drogas, *cada individuo tiene su propia estructura biológica, que condiciona la posibilidad de convertirse en adicto a las drogas.* ¿Por qué? Porque cada uno de nosotros tiene en el cerebro un particular camino neurológico que está diseñado para ayudarnos a sentir placer. Este camino «de recompensa» cumple un objetivo muy importante: posibilita que disfrutemos de las actividades de la vida. Gracias a este camino disfrutamos del sexo y de la comida calórica (aquí radica el deseo de comer un Big Mac); y a este mecanismo se debe el proceso de búsqueda y consumo de las cosas placenteras. (En el capítulo 13, que trata de los estimulantes, trataremos de este tema con mayor detalle.)

Las investigaciones muestran que todas las sustancias adictivas pueden activar, de una u otra forma, este mecanismo. Las sustancias como la marihuana y la cafeína lo activan sólo ligeramente, en tanto que los estimulantes, los opiáceos y la nicotina son especialmente aptos para esta activación. Por lo tanto, a través del consumo de cocaína se sustituyen todos los placeres normales de los que una persona disfruta en la vida. Sustituye al sexo, a la comida y a la normal interacción de la persona con su entorno. Con la constatación de estas características es más fácil entender el atractivo de la droga. A menudo, los consumidores de heroína comparan la «subida» que experimentan al inyectarse la sustancia con un orgasmo. Esto no es algo casual. Si bien en realidad no tienen un orgasmo, experimentan una sensación de placer similar debido a que en el cerebro se producen las mismas respuestas químicas.

Obviamente, este sistema de recompensa no permite comprender el problema en toda su extensión. Una vez que el individuo empieza a consumir regularmente drogas, es frecuente que manifieste que en realidad ya no disfruta con este hábito, sino que simplemente trata de evitar las sensaciones desagradables que le provoca el síndrome de abstinencia. Esto es verdad hasta cierto punto. Con determinadas drogas, y la heroína constituye un buen ejemplo, el síndrome de abstinencia se produce después de cada dosis y es físicamente desagradable. Con otras drogas, como la cocaína, el síndrome no es tan intenso. Sin embargo, después del uso regular de cualquier droga adictiva se puede presentar otro poderoso proceso. Es posible que el sistema de recompensa se adapte o que se haga tolerante, de forma que el placer normal sólo se pueda experimentar en presencia de la droga. El proceso se puede comparar al que ocurre con los inhaladores nasales, pero aquí afecta a los centros cerebrales de placer.

6. ¿Cómo conduce el consumo de sustancias a la adicción?

La mayoría de personas empieza a consumir sustancias adictivas durante la adolescencia. El deseo de nuevas experiencias, un grupo de amigos que proporciona un entorno de apoyo, la disponibilidad de las drogas y la oportunidad de tomarlas favorecen el consumo de los adolescentes. A menudo, los inhalantes son la primera sustancia psicoactiva que toman los jóvenes y constituyen un ejemplo perfecto de lo que suele suceder con estas drogas: *la gente las toma porque son efectivas y porque están disponibles.* Los inhalantes pueden hacer sentir grogui a quien los consume, y la mayoría de jóvenes los tienen a su alcance.

Los cigarrillos son un punto de partida todavía más frecuente en el consumo de sustancias psicoactivas. Prácticamente todos los fumadores se inician en el hábito durante la adolescencia. Los anuncios de las compañías tabaqueras dirigidos a la audiencia juvenil no son una mera casualidad. Este grupo de edad es el del «punto inicial» del consumo. Los estudios efectuados sobre la publicidad del tabaco han indicado que el marketing deliberado de un sucedáneo representa un flagrante intento de atraer a los niños con un sabor que de alguna forma es parecido al de los caramelos.

Una teoría acerca del consumo de drogas postula que existe una «puerta de entrada» que los adolescentes cruzan y que representa el inicio de un camino inevitable hacia las drogas duras. Hay muchos factores que contribuyen claramente al consumo de drogas: 1) *el desconocimiento de los peligros*; 2) *la disponibilidad y la oportunidad*; 3) *un grupo de amigos consumidores*; 4) *el deseo natural de experimentar*; y 5) *el deseo de automedicarse para aliviar los sentimientos negativos y evitar las circunstancias adversas de la vida.* No cabe duda de que es todo un complejo conjunto de circunstancias el que conduce al consumo continuado de drogas: es demasiado simplista atribuir este proceso al uso inicial de una sustancia.

El desconocimiento acerca de los peligros de las drogas debe ser el punto de partida de la educación que los padres deben impartir respecto al consumo de estas sustancias. Ésta es la razón de ser de esta obra. Creemos que las tácticas basadas en el miedo no son necesarias, puesto que ¡la realidad en sí misma ya es suficientemente dolorosa! Por lo tanto, la mejor protección de cualquier familia frente al problema es el conocimiento de la materia y un diálogo claro en aras a transmitir este conocimiento. Sin embargo, la educación sobre las drogas por sí sola no detiene el consumo. De forma repetida, los programas que se centran exclusivamente en las circunstancias fácticas de las drogas fracasan.

En parte, el motivo por el cual los programas pedagógicos aisladamente no consiguen evitar el consumo se debe al segundo de los factores enunciados: la disponibilidad y la oportunidad. Una cosa es escuchar a un oficial de policía debatir en abstracto acerca de los peligros de la marihuana y otra bien distinta es ver cómo alguien en una fiesta se está fumando un porro y no caer en la tentación de probarlo. Si bien la educación puede fortalecer la voluntad del adolescente, la limitación en cuanto a la disponibilidad y la oportunidad supone sin duda un obstáculo muy efectivo para impedir su consumo. Prueba de este hecho son las estadísticas a escala mundial sobre muertes provocadas por enfermedades derivadas del consumo de alcohol. En aquellos países donde el islam es la religión dominante se producen muchas menos muertes debidas a cirrosis hepática que en los restantes países, y ello por la sencilla razón de que esta religión prohíbe el consumo de alcohol. Como es natural, no todo el mundo observa estrictamente esta regla, pero un enfoque cultural disuasor del consumo es indudable que ayuda. Al referirnos a «cultura» hacemos alusión a cualquier grupo de personas, desde un país hasta un sistema escolar o una familia individualmente considerada. Los padres deben examinar sus propias actitudes en relación con esta cuestión. El trabajo de los padres es limitar la disponibilidad y la oportunidad, lo cual es algo fácil de decir pero difícil de hacer. Además, esto supone un reto para los propios hábitos de los progenitores. La fórmula «haz lo que yo te digo y no lo que yo hago» suele ser una estrategia poco efectiva. La disponibilidad y la oportunidad son un campo en el que los padres pueden tener un gran impacto. Sin embargo, hay que tener en cuenta que limitar el acceso de los jóvenes a las drogas es una tarea ardua.

Las influencias de un grupo de amigos constituyen una parte tremendamente importante dentro del contexto en el que se mueven los niños. Si bien no propugnamos el punto de vista de que «los padres no son importantes», respetamos la influencia de los amigos. Los adolescentes buscan identidad en el grupo, y si el consumo de drogas forma parte de las actividades que llevan a cabo los amigos, esta conducta será importante no sólo por una razón de estatus social, sino también por la propia autoimagen del adolescente. ¡Éste es un factor que no debe subestimarse! Una vez más, es difícil controlar las amistades de los hijos e intentar un control excesivo puede resultar contraproducente. Pero conocer a los amigos de su hijo le dará poder. Si usted sabe con quién se relaciona su hijo, podrá emitir juicios de valor bien informados acerca del grado de libertad apropiado con cada amigo. Usted no puede ni debe aislar a su hijo. La independencia en las decisiones concernientes a las amistades forma parte del proceso de hacerse adulto, pero tampoco es necesario que usted desaparezca de la escena.

Hasta ahora hemos tratado las cuestiones relativas al estilo de vida. No obstante, es probable que los factores biológicos básicos desempeñen un papel en el consumo de drogas. Todo ser humano tiene un deseo natural de experimentar cosas novedosas. *Los ambientes nuevos por sí mismos estimulan el sistema de recompensa* en los animales, y probablemente sucede lo mismo con las personas. Cualquiera a quien le guste viajar podrá confirmar este extremo a partir de sus propias experiencias. Los niños en especial tienen un deseo natural de experimentar con su propio estado conductual. Los pequeños dan vueltas hasta quedar mareados. Nuestra cultura enfatiza las vivencias nuevas y excitantes, lo cual se pone de manifiesto a través de la proyección de películas de terror, en los bailes de carnaval o en los cambios en el estilo de vestir. Algunas personas sienten una pasión especial por el riesgo o por la búsqueda de emociones fuertes. En ocasiones, esta característica se manifiesta en un momento temprano de la infancia a través de audaces travesuras infantiles (hurtos en las tiendas, bromas a los vecinos...). Las investigaciones indican que las personas a las que les gusta el riesgo tienen una tendencia superior a la media a consumir drogas. Esto no debería extrañarnos: durante la enseñanza secundaria fumar cigarrillos es una continuación natural de las travesuras de la infancia. Aquí es donde el conocimiento que tenga de su propio hijo puede resultarle verdaderamente útil. Si su hijo evita el riesgo bajo cualquier circunstancia, posiblemente eludirá sin su ayuda las situaciones relacionadas con las drogas que se le presenten. Por el contrario, si su hijo tiene un carácter temerario, usted deberá estar especialmente atento.

La gente también toma drogas para aliviar los sentimientos negativos, y la adolescencia es una fase del desarrollo que está repleta de sentimientos de esta índole. La ansiedad, la depresión, un trastorno por déficit de atención no tratado son factores que inducen al consumo de drogas entre los adultos; pero son también problemas que con frecuencia ni se diagnostican ni se tratan durante la infancia y la adolescencia. Por lo tanto, la ayuda profesional es de vital importancia para aquellas familias en las que los hijos ya han empezado a consumir drogas o tienen problemas emocionales. A menudo, mostrarse simplemente «severo» no solucionará la situación. Usted puede restringir la disponibilidad y la oportunidad de consumir drogas, pero no puede mandar sobre los sentimientos; y no debe subestimarse el poder de los niños y de los adolescentes.

Para concluir, esa primera experiencia con los cigarrillos o con la marihuana ¿provoca cambios permanentes en el cerebro que conducen a un estado de «ansia» en busca de las drogas? Éste es uno de los mayores temores que tienen los padres. La respuesta es un no con reservas. Creemos que los cambios graduales de adaptación que se producen en el sistema de recompensa contribuyen al proceso de adicción. Sin embargo, probablemente este proceso tarda algún tiempo en culminar y una sola experiencia no es suficiente para provocar cambios permanentes en los circuitos neuronales. Lamentablemente, desconocemos cuántas de estas experiencias son necesarias para que estos cambios se produzcan. No obstante, las personas aprenden rápidamente (éste es el logro de nuestra increíble mente). Si a un niño o a un adolescente que está ansioso, deprimido o que le cuesta concentrarse la droga le hace sentir mejor, esta sola circunstancia constituirá un poderoso incentivo para el consumo.

Puntos de debate sobre las drogas, el consumo de drogas y la adicción

• Cualquier sustancia química o de composición vegetal que se introduzca de forma intencionada en el organismo para modificar el estado mental o el funcionamiento orgánico es una droga. Esto incluye las vitaminas, los antibióticos para curar infecciones, las infusiones de hierbas, la cafeína que contienen las bebidas de cola y el crack. El primer paso que hay que dar para educar a la familia sobre las drogas es informarse uno mismo y observar los propios hábitos respecto al consumo de ciertas sustancias. Reflexione sobre la lista de sustancias ofrecida y vea si coincide con su definición de drogas. Esta evaluación, en sí misma, puede suscitar un vivo debate con sus hijos. Cuente las sustancias que usted y sus hijos consumen en el transcurso de una semana (comenzando por los compuestos vitamínicos que puedan tomar con el desayuno). Esto brinda la oportunidad para analizar los distintos motivos por los cuales se administran drogas.

• Las drogas entran en el torrente sanguíneo, se adhieren a un lugar específico del organismo y modifican su funcionamiento. Esto puede implicar restablecer la función de un sistema inactivo o alterar un sistema que funciona perfectamente. La mayoría de drogas afectan a todo el organismo y muchas tienen efectos secundarios inesperados que pueden resultar nocivos. Puede recurrir a los anuncios de la televisión para iniciar conversaciones con sus hijos sobre cómo las drogas recorren todo el organismo (muchas de estas sustancias, correctamente ilustradas desde un punto de vista comercial, son absorbidas por el estómago y circulan por todo el cuerpo).

• En ocasiones, cuando se consume un fármaco de forma continuada, éste deja de tener efecto. Este fenómeno se denomina tolerancia. También cabe la posibilidad de que el organismo se haga dependiente de los efectos de la sustancia y que sólo funcione con normalidad si ésta se administra. Esto hace que la persona se haga *dependiente* y que el abandono de la sustancia le provoque el *síndrome de abstinencia*. Si usted consume cafeína puede hablar con sus hijos mayores del dolor de cabeza que provoca esta sustancia, cuestión a la que hemos aludido anteriormente en este capítulo. Sin embargo, puede ilustrar esta materia con un sencillo ejemplo: dado que la mayoría llevamos reloj, piense en lo «desnudo» que se sentiría uno si no lo llevara. Es posible que a lo largo del día tratara de consultarlo repetidamente. Pida a sus hijos que piensen en algo que hagan constantemente y que les resulte tan familiar que el hecho de no hacerlo les cause una sensación de extrañeza (como no ponerse su collar favorito); o bien haga que piensen en algo que hayan efectuado miles de veces (como un particular movimiento al practicar algún deporte), de manera que no ejecutar esa acción resulte extraño. Explique a sus hijos que el interior del cuerpo se adapta de forma similar, y que éste es el motivo por el cual, en ocasiones, estas sustancias dejan de tener efecto y hacen que la persona se sienta diferente.

• Las sustancias que afectan a nuestro comportamiento actúan de la misma forma que las restantes, pero se caracterizan por el hecho de que se introducen en el cerebro y despliegan su acción sobre las células cerebrales. Esto también es válido para muchas drogas útiles que sirven para tratar enfermedades del cerebro (depresión, ansiedad, esquizofrenia y epilepsia), así como para la mayoría de drogas «recreativas». Al hablar con sus hijos, es posible que tenga que explicarles que las drogas entran en el cerebro de la misma forma que entran en otras partes del organismo. Recientemente, pedimos a un grupo de estudiantes de enseñanza secundaria que nombraran las sustancias que actuaban sobre el cerebro. Dieron una larga lista de drogas de abuso, pero no citaron la cafeína ni los fármacos que se prescriben para tratar ciertas enfermedades. Explique a sus hijos que el cerebro es un órgano que deben mantener sano, como hacen con los músculos y con otras partes del cuerpo.

• Algunas personas que toman drogas se sienten impulsadas a repetir la experiencia una y otra vez. La *adicción* es esta conducta de consumo compulsivo de drogas, sin control, pese a sus consecuencias negativas. Las sustancias que son adictivas actúan sobre una parte del cerebro que nos hace experimentar placer. Ejercen su influencia sobre un sistema que normalmente es estimulado por diversas actividades de la vida, como la búsqueda y la ingestión de alimentos o la búsqueda de una pareja para mantener relaciones sexuales. Resulta sencillo de explicar, incluso a un niño pequeño, lo perjudicial que puede ser esta adicción si se destaca que el deseo de consumir estas drogas se «apodera» de esa parte del cerebro y la persona únicamente piensa en la droga y se olvida incluso de que es necesario comer para vivir.

• ¿Cómo conduce el consumo de sustancias a la adicción? La mayoría de personas empiezan a consumir drogas cuando son adolescentes. El deseo de nuevas experiencias, un grupo de amigos que proporciona un entorno de apoyo y la disponibilidad de las drogas son factores que desempeñan un papel decisivo en el inicio del consumo. Usted puede enseñar a sus hijos muchas maneras de evitar esta progresión: manteniéndose apartados de las «malas compañías», no empezando a fumar (pensamos que los cigarrillos son la verdadera puerta de entrada a las drogas) y, lo que es más importante, implicándose en actividades que les resulten gratas. Los estudios demuestran, una y otra vez, que los jóvenes que participan en actividades que son importantes para ellos tienen menos probabilidades de caer en el consumo de drogas. En ocasiones, cuando los niños van entrando en la adolescencia, los viejos hábitos (deportes, excursionismo, lecciones de piano) les parecen cosas de «niños pequeños». Es posible que pueda ayudarles a centrarse en actividades para personas más maduras. Tal vez quieran formar parte de un conjunto de rock, integrarse en un grupo de teatro local para jóvenes o implicarse en algún grupo religioso juvenil. Lo importante es que disfruten con esa actividad y que se preocupen por ella.

3

Aspectos legales

Estados Unidos y la mayoría de países del mundo han declarado la «guerra a las drogas», y el ordenamiento jurídico es la principal arma en esa guerra. Aunque los gobiernos dedican algunos fondos a la educación y a los tratamientos contra las drogas, los principales gastos, con diferencia, son los generados por la promulgación de prohibiciones legales, las confiscaciones y las encarcelaciones.

En Estados Unidos, este enorme esfuerzo legal para controlar las drogas ilegales ha tenido como consecuencia un mosaico verdaderamente incomprensible de normas estatales y federales. En algunos lugares la detención a causa del consumo de un cigarrillo de marihuana puede originar una simple multa, como la que se produce cuando se comete una infracción de tráfico; en cambio, en otros lugares la persona puede ser sentenciada por la comisión de un delito grave. Por si las diferencias legislativas no fueran suficientes, debe tenerse en cuenta también la discrecionalidad de los fiscales. Algunos hacen cumplir el tenor de la norma de forma estricta, en tanto que otros sencillamente no persiguen los ilícitos menores relacionados con las drogas. Usted nunca sabrá a qué atenerse, como tampoco lo sabrá el niño al que está educando.

Para la mayoría de drogas distintas a la marihuana, la cuestión es mucho más sencilla: la posesión y la distribución tienen como consecuencia una condena grave. Y todo lo que hay que hacer para ser procesado por un delito de «distribución», que es el más grave, es darle droga a otra persona. Si se suministra a alguien una sustancia ilícita y esa persona muere, al autor de la conducta se le puede aplicar una ley federal que es poco conocida y que prevé una sentencia mínima de veinte años de prisión. Por lo tanto, si un adolescente le da una pastilla de éxtasis a un amigo y éste fallece a causa de una reacción adversa, las autoridades federales pueden iniciar un procedimiento criminal contra ese adolescente, aun cuando ello arruine su vida. Los jóvenes tienen que saber lo duras que pueden llegar a ser las leyes.

Las cosas más importantes que deben saberse acerca de los aspectos legales

1. LAS LEYES QUE REGULAN LA POSESIÓN Y LA DISTRIBUCIÓN DE MARIHUANA SON COMPLEJAS Y VARÍAN DE UN ESTADO A OTRO

Con todo el debate suscitado en torno a la legalización de la marihuana, es fácil que los jóvenes piensen que verse implicado en algún percance con esta droga no implica un riesgo desde el punto de vista legal. Nada más lejos de la realidad. Una simple acusación por algún delito relacionado con la marihuana puede ser tremendamente dolorosa para los padres y para los hijos, y generar gastos importantes.

Algunos jóvenes piensan que la marihuana ya no es un problema legal, puesto que el consumo está ampliamente extendido y ha sido legalizada con fines terapéuticos en algunos lugares. A este respecto es preciso señalar, en primer lugar, que aun cuando el empleo de la marihuana por motivos médicos pueda ser legal, su consumo con fines recreativos es ilícito y puede conllevar penas importantes. En segundo lugar, el gobierno federal no reconoce la legalización de la marihuana para ningún propósito; por lo tanto, existe siempre la posibilidad de que una persona sea procesada de acuerdo con una ley federal.

Para muchos jóvenes, conseguir marihuana es más sencillo que conseguir alcohol porque los distribuidores de droga no les piden ninguna identificación. Pero del hecho de que la marihuana sea tan asequible no deben extraer la conclusión de que adquirirla es legalmente seguro. Muchos agentes de policía imputan a la persona el cargo de posesión o distribución y dejan que sea el fiscal quien decida si formulará una acusación por la comisión de un delito. Mientras tanto se produce una detención y se registra el antecedente policial, por lo que se tienen que contratar los servicios de un abogado. Nunca es posible saber lo que hará el fiscal. Aun cuando la persona no llegue a ser condenada, el antecedente policial quedará anotado en los registros, y ella y su familia tendrán que soportar los gastos legales y el trauma emocional asociados a este cargo.

2. LA LÍNEA QUE SEPARA LA POSESIÓN Y LA DISTRIBUCIÓN (TRÁFICO) DE DROGAS ES MUY TENUE Y RESULTA MUY SENCILLO SER PROCESADO POR LA COMISIÓN DE UN DELITO GRAVE

De la manera en que están redactadas las leyes, no es necesario que una persona sea un traficante de drogas importante para ser acusado de «posesión con intención de distribuir». A menudo, la ley simplemente especifica que si se posee una cierta cantidad de droga se presupone que existe intención de distribuirla, con independencia de cuál sea la voluntad real del sujeto. Las sentencias que se dictan suelen ser condenatorias, especialmente para las drogas distintas de la marihuana.

Cuando estábamos escribiendo nuestro primer libro, *Buzzed: The Straight Facts about the Most Used and Abused Drugs from*

Alcohol to Ecstasy (W. W. Norton, 1998), recibimos la visita de un fiscal federal que acudió a explicar a nuestros investigadores universitarios en fase de prácticas los aspectos relacionados con la distribución de drogas. En el curso de la sesión el fiscal cogió una bolsa con cocaína y se la dio a una de las estudiantes, que a su vez se la debía pasar a otro compañero. Entonces el fiscal indicó a la estudiante que en ese momento acababa de distribuir cocaína y que se le podía imputar un delito grave. Obviamente, el fiscal sólo estaba haciendo una explicación legal, pero la enseñanza era clara: no es necesario que se reciba dinero a cambio; la simple tenencia de una modesta cantidad de droga puede ser indicativa, desde un punto de vista legal, de que existe distribución.

3. PARA OTRAS DROGAS DISTINTAS DE LA MARIHUANA,
   LAS LEYES SON MUCHO MÁS SEVERAS

Los jóvenes no siempre se percatan del hecho de que no todas las drogas tienen la misma consideración. Es bastante probable que la posesión de éxtasis, GHB, cocaína, heroína y muchas otras drogas dé lugar a la imputación de un delito.

4. EL ALCOHOL Y LA NICOTINA TAMBIÉN SON DROGAS,
   Y LA POSESIÓN Y DISTRIBUCIÓN POR PARTE DE LOS
   MENORES ES ILEGAL

Debido al trato que el alcohol y el tabaco reciben en los medios de comunicación, con frecuencia los jóvenes ignoran que para ellos es ilegal la posesión de estas sustancias. Sin embargo, debido a la creciente sensibilidad que existe respecto a las cuestiones relacionadas con el alcohol y la conducción de vehículos, y a la adicción a la nicotina, el sistema legal tiende a imponer las normas relacionadas con esta materia más de lo que creen la mayoría de jóvenes.

Hablar con los jóvenes sobre los aspectos legales

- Procure exponerlo todo de forma sencilla.
- Cuando hable con los niños acerca de los aspectos legales de las drogas dígales siempre la verdad.
- Debido a que el uso de la marihuana es tan frecuente, constituye el mejor tema para debatir los aspectos legales. En primer lugar, usted debe reconocer que esta droga está muy extendida y que muchos jóvenes la compran con relativa impunidad. En segundo lugar, debe explicarles que, pese a su disponibilidad y a su posible uso para fines terapéuticos, el consumo recreativo es ilegal en todos sitios.
- A continuación, explique cómo funciona el sistema legal: detención, registro de antecedentes, contratación de un abogado, proceso judicial y condena. Los jóvenes suelen ver estas cuestiones como problemas de todo o nada, sin que haya aspectos intermedios. Por lo tanto, a usted le corresponde explicar las consecuencias que tiene una detención, independientemente de que haya una condena.
- Puede hacer una llamada a la comisaría de la policía local para que le informen de los cargos que se imputan por el uso de la marihuana en su ámbito jurisdiccional. ¿Se limitan a poner una multa o bien proceden a la detención de la persona y la ponen a disposición judicial? Explique todo este proceso, asegurándose de enfatizar los grandes problemas que acarrea una detención, aun cuando la persona ulteriormente no sea condenada.
- Familiarícese con las normas que rigen en su país sobre la marihuana. Haga hincapié en el hecho de que si una persona va a

cometer un delito, como puede ser la posesión de marihuana, debe conocer las consecuencias de tal conducta ilícita. ¿Le expulsarán del colegio? ¿Perderá su permiso de conducir? ¿Será requerido para que realice un servicio en favor de la comunidad? ¿Es posible una condena de prisión? ¿Cuánto cuestan los servicios de un abogado?

• Explique que el solo hecho de dar droga a alguien ya se considera «narcotráfico» y que la simple tenencia de una cierta cantidad de droga puede significar que la persona sea calificada por la ley como traficante. Esta circunstancia le permitirá destacar que la ley puede ser mucho más seria de lo que los niños piensan.

• Explique que verse involucrado con drogas «más duras» puede tener unas consecuencias penales devastadoras. Los jóvenes deben entender que el uso de estas drogas hará que tengan tratos con personas que a los ojos de la sociedad son verdaderos criminales. Es fácil ser atrapado en una redada policial sólo por el hecho de estar junto a estas personas. Aun cuando sean inocentes, sacarlos de un proceso legal puede ser difícil y caro.

• Explique a los jóvenes que hablar y planear con otras personas cómo conseguir drogas es tan delictivo como poseerlas. (Esto está relacionado con las normas relativas a la «conspiración».) Un fiscal agresivo puede recurrir a estas normas para obtener condenas para todas las personas implicadas en un grupo de consumidores, y no sólo para aquellos a quienes les fue incautada la sustancia.

• Los jóvenes deben saber que la posesión de alcohol, si tienen menos de 21 años, es ilegal en casi todo el territorio de Estados Unidos, y que la posesión de tabaco por parte de los menores de 18 está prohibida en la mayoría de los lugares.

• Al igual que sucede con otras drogas, distribuir alcohol y tabaco a terceras personas es un delito grave. En muchos lugares, especialmente en la zona de los colegios, se está intentando reforzar el cumplimiento de las leyes relativas al alcohol, y algunos estudiantes están siendo procesados.

• Hay lugares en los que una condena por tenencia de alcohol por parte de un menor puede dar lugar a la pérdida del permiso de conducir. Entérese de las leyes que son de aplicación en la zona donde vive.

• Respecto a los jóvenes en edad de conducir, haga hincapié en las consecuencias gravísimas que se pueden derivar de conducir bajo la influencia de bebidas alcohólicas. Las normas son extremadamente rígidas para los menores de edad. En muchos lugares se sigue una política de tolerancia cero, lo que significa que una persona menor de edad no puede beber absolutamente nada de alcohol. Una vez más, conviene que conozca las leyes que rigen en la localidad donde reside, y asegúrese de que sus hijos las entienden.

4

El alcohol

La mayoría de personas consideran que el alcohol es una parte normal de la cultura de las sociedades occidentales. Consumimos alcohol para celebrar algún acontecimiento, en las ceremonias religiosas, para relajarnos y para compadecernos. Recurrimos a él para aliviar la ansiedad y «calmarnos», para eliminar nuestras inhibiciones y a veces para sedarnos lo suficiente como para dejar de experimentar dolor. Los medios de comunicación nos inundan de mensajes positivos acerca del alcohol. Por lo tanto, para mucha gente constituye un auténtico impacto el hecho de referirse al alcohol como una droga potente. Pero eso es exactamente lo que es.

El alcohol es la droga recreativa más ampliamente extendida en Estados Unidos y la mayoría de personas subestiman lo potente que es. Dado que es un tóxico para muchos órganos del cuerpo, si en la actualidad se lanzara al mercado como sustancia legal, es bastante improbable que la U.S. Food and Drug Administration aprobara su consumo sin prescripción. Comparado con otras sustancias, como el Valium, la diferencia entre una dosis recreativa, que conduce a la embriaguez, y una dosis tóxica, que conduce a la pérdida de conciencia o a la muerte, es pequeña.

Así pues, como madre o como padre, recuerde que al consumir alcohol está optando por tomar una droga potente y que su conducta debe servir de modelo para sus hijos. Cada vez que un niño ve a alguien a quien respeta beber alcohol, ya sea una figura deportiva, un adulto que le sirve de modelo o un miembro de su familia, está aprendiendo a utilizar drogas recreativas.

Cuando hable con sus hijos sobre el alcohol, recuerde que durante toda la vida han estado observando cómo lo consumían sus familiares y sus ídolos. Así pues, reflexione sobre lo que han visto y sobre los mensajes que han recibido. Si usted tiene la impresión de que no ha sido un gran ejemplo, plantéese cambiar su comportamiento, de forma que éste pueda constituir un reflejo de cómo desearía que actuaran ellos. Si decide cambiar, dígale a sus hijos que lo está haciendo: les impresionará.

Respecto a esta droga hay aspectos importantes que se tienen que transmitir a los jóvenes. El alcohol es legal, de él se hace una propaganda intensiva y es fácil de conseguir. Por lo tanto, con toda seguridad habrá muchas ocasiones en las que tendrán contacto con el alcohol. Debe aprovechar estas oportunidades para conversar con ellos y explicarles qué es el alcohol y cuáles son sus efectos.

Las cosas más importantes que deben saberse acerca del alcohol

1. El alcohol es una droga socialmente aceptada

Cualquier persona, con sólo salir a la calle, tiene alcohol a su disposición y muchos niños tienen acceso a él simplemente abriendo el mueble donde lo guardan sus padres. A los jóvenes no les cuesta obtener alcohol y es preciso que entiendan que usted es conocedor de este hecho, que le consta que ellos tendrán la oportunidad de consumirlo y que esto le preocupa. Independientemente de que beban o no, es seguro que tendrán contacto con el alcohol y que tendrán que tomar decisiones respecto a su consumo.

Muchos padres subestiman el número de adolescentes que beben y la cantidad de alcohol que ingieren. A pesar de las leyes y de los esfuerzos de algunos padres, los últimos datos que hemos re-

	8º curso	10º curso	12º curso
Consumo ocasional durante el último año	43 %	65 %	73 %
Consumo ocasional durante los últimos 30 días	22 %	41 %	50 %
Embriaguez ocasional durante el último año	19 %	42 %	52 %
Embriaguez ocasional durante los últimos 30 días	8 %	24 %	32 %
Cinco o más copas en las últimas dos semanas	15 %	25 %	31 %

cabado del proyecto «Monitoring the Future» de la Universidad de Michigan pintan un panorama bastante inquietante. La tabla superior muestra el porcentaje de niños, por cursos, que afirman que consumen alcohol.

Si bien todas las estadísticas son motivo de preocupación, quizá las más inquietantes son las relativas a haber bebido cinco o más copas durante las últimas dos semanas. Esto constituye un volumen que muchos investigadores definen como «estado de embriaguez» y representa una cantidad de alcohol que puede provocar niveles peligrosos de alcohol en la sangre. El hecho de que una cuarta parte de los jóvenes de 10º curso mostraran este nivel de consumo de alcohol durante las dos últimas semanas es algo preocupante.

¿Por qué tanta gente joven bebe alcohol? Desde luego no hay una respuesta simple a esta pregunta, pero un factor que sin duda desempeña un papel importante es que el consumo de alcohol es legal para los adultos y su empleo está arraigado en nuestra estructura social. Indudablemente, el alcohol es la «droga elegida» por nuestra sociedad. Si echamos una rápida ojeada a las revistas más populares o a los programas de televisión veremos numerosos anuncios ingeniosos y atractivos sobre el alcohol, y estos anuncios pueden resultar tentadores para los jóvenes.

Investigaciones recientes sobre el consumo de drogas muestran que los estudiantes de secundaria y los de la segunda etapa de primaria deciden tomar drogas o no tomarlas en función de lo arriesgado que estimen que es el consumo y de cómo esté aceptado por la sociedad. Dada la relevancia que tiene el alcohol en nuestra sociedad, no debe constituir una sorpresa que muchos jóvenes tengan la impresión de que se trata de una sustancia segura y opten por consumirla.

2. EL ALCOHOL HACE QUE LA GENTE SE SIENTA BIEN (DURANTE UN TIEMPO)

La primera sensación que se tiene después de beber es una «subida» que resulta ligeramente estimulante, alivia la ansiedad y libera las inhibiciones. Transcurridos unos minutos (dependiendo de la cantidad de alimento que se tenga en el estómago y de la concentración de alcohol que tenga la bebida) la mayoría de personas se sienten relajadas y experimentan bienestar; asimismo, pueden mostrarse más habladoras y extrovertidas, en general menos inhibidas. Aunque se considera que el alcohol es una sustancia «sedante» (esto es, que produce somnolencia), cuando va aumentando su concentración en el cerebro la gente se suele sentir estimulada.

Mientras aumenta el nivel en la sangre, el alcohol hace que nos sintamos despiertos y «eufóricos». El alcohol realza los efectos de una sustancia química cerebral denominada GABA, la cual inhibe la actividad de varios circuitos cerebrales. Entre éstos, los primeros afectados son aquellos que hacen que sintamos ansiedad e inhibición. De forma indirecta el alcohol también favorece la liberación de las mismas sustancias químicas cerebrales (dopamina) que se liberan al consumir cocaína y otras drogas estimulantes. La dopamina produce una sensación de bienestar, poder y confianza. En el capítulo que trata de los estimulantes se analizan con mayor detenimiento estos efectos.

Sin embargo, a este aumento de actividad pronto le sigue un estado de sedación. Esto sucede porque el nivel de alcohol, al seguir aumentando, provoca la inhibición de cada vez más circuitos. Cuando la cantidad de alcohol alcanza su pico y empieza a decrecer, la mayoría de personas se sienten relajadas y somnolientas y tienden al retraimiento más que a mostrarse sociables. Ahora los efectos inhibitorios del alcohol son mayores que los efectos estimulantes. En esos momentos el bebedor puede quedar adormilado y deprimido, lo cual puede motivarle a beber más con el objeto de «conseguir la subida», tal como se sentía poco rato antes. Algunos jóvenes que han consumido cantidades peligrosas de alcohol explican que lo han hecho con la intención de continuar experimentando la sensación que conseguían después de la primera o la segunda consumición.

3. El alcohol puede ser letal si se consume una cantidad equivalente a cuatro veces el límite establecido para que exista una intoxicación desde el punto de vista legal

Muchas personas no saben que es posible morir de una simple sobredosis alcohólica. Por regla general, la gente asocia el término sobredosis únicamente a drogas como la heroína y los barbitúricos, pero el alcohol también puede matar si se consume una cantidad suficiente de una sola vez. Dado que a menudo algunos jóvenes se emborrachan y que muchos no tienen experiencia con la bebida, corren un riesgo especial de consumir, de forma inadvertida, dosis peligrosas de alcohol. Las personas mueren a causa de un envenenamiento etílico debido a que, en altas concentraciones, el alcohol paraliza algunas partes del cerebro que son de importancia fundamental para respirar y para llevar a cabo otras acciones automáticas.

Aun cuando la cantidad de alcohol no alcance un nivel letal, constituye un gran peligro. El organismo trata el alcohol como un veneno e intenta eliminarlo. Cuando las concentraciones de alcohol son elevadas, la persona puede vomitar. Lamentablemente, un nivel alto de alcohol paraliza el músculo que cierra la tráquea cuando comemos o bebemos (cerrar la tráquea sirve para impedir que los alimentos o los líquidos vayan hacia los pulmones). Cuando vomita una persona que sufre una intoxicación, existe un riesgo real de asfixia por aspirar el vómito a los pulmones. Aunque la persona no fallezca de forma inmediata hay bastantes probabilidades de que el material que ha penetrado en los pulmones provoque una inflamación o una infección pulmonar muy grave, y que a veces puede resultar fatal. (Un estudiante de nuestro centro murió recientemente por esta causa.)

¿Qué cantidad de alcohol es necesaria para poner en peligro a la persona o para que sufra un envenenamiento etílico fatal? La dosis mortal varía bastante en función de la persona y depende de su tamaño y de lo rápidamente que consuma el alcohol. En general, cualquier concentración de alcohol en sangre superior a 350 miligramos de alcohol por cada 100 mililitros de sangre puede implicar un peligro significativo. En un informe científico, este nivel se representa como 350 mg/dl y corresponde a una lectura de 0,35 en la mayoría de alcoholímetros.

Un varón de 68 kilos alcanzaría este nivel después de consumir 0,2 litros de alcohol puro en el transcurso de una hora. Es decir, tendría ese nivel de alcohol después de tomar siete copas de 60 mililitros de whisky. Una mujer de 45 kilos alcanzaría ese nivel después de cuatro consumiciones iguales en una hora. Lógicamente, también es posible alcanzar un nivel peligroso de alcohol en sangre bebiendo cerveza o vino. Por ejemplo, el varón de 68 kilos estaría en el nivel peligroso después de tomar doce cervezas en una hora; y la mujer de 45 kilos entraría en la zona peligrosa tras consumir seis cervezas y media.

A menudo, los jóvenes llegan a esta peligrosa concentración de alcohol en sangre debido a algún reto o a un juego relacionado con la bebida. Estas situaciones pueden ser especialmente peligrosas por la fuerte presión de «cumplir las expectativas» frente a los amigos y como consecuencia de que el juego suele consistir en una competición para ver quién consigue tomarse antes una determinada cantidad de alcohol.

Algunas personas desconocen que el alcohol se puede mezclar de forma que se disimula su sabor o su concentración, de manera que se puede consumir rápidamente una gran cantidad sin tener conciencia de lo que realmente se ha bebido. Así, por ejemplo, se mezcla una bebida alcohólica como el vodka con Jell-O* y se pone a congelar en una cubitera. Cada cubito o «trago» se puede tomar sin notar el ardor del alcohol. Debido a la facilidad con que se consumen y a su alta concentración de alcohol, los tragos de Jell-O pueden provocar niveles peligrosos de alcohol en sangre.

Mucha gente no sabe que si se ha ingerido más de una copa en una hora el nivel de alcohol en sangre continúa aumentando durante un rato, aunque ya se haya dejado de beber. El alcohol tarda cierto tiempo en llegar al torrente sanguíneo y el organismo sólo lo puede eliminar a un ritmo determinado (en un adulto normal, aproximadamente el equivalente a una copa por hora; en un niño, menos). Una vez que la concentración de alcohol en sangre alcanza un determinado nivel, cualquier dosis adicional se acumula y su eliminación se producirá de acuerdo al ritmo que tenga el

---

* Jell-O es una gelatina con sabor a frutas. (*N. del t.*)

organismo. Mientras la eliminación no se produzca, el alcohol continuará bañando el cerebro y otros tejidos orgánicos.

El retraso en la absorción del alcohol y su lenta eliminación pueden acarrear graves problemas a la persona que bebe por diversión. El primero de ellos es la clásica «copa para el camino». Imaginemos que una persona ha consumido una determinada cantidad de alcohol y que su organismo lo está eliminando tan rápidamente como le es posible. Entonces, la persona cree (¡equivocadamente!) que ya puede conducir y decide tomar una última copa antes de subir al coche. Durante los treinta minutos que dura el trayecto, el alcohol de la última consumición es absorbido y puede elevar el nivel de alcohol en sangre hasta un límite en el que la persona ya no puede conducir de forma segura, aunque al iniciar su trayecto sí que lo pudiera hacer. Muchos expertos opinan que una tasa de alcoholemia de tan sólo 0,05 (50 mg/dl) es suficiente para menoscabar seriamente la capacidad para conducir un vehículo.

También se ha demostrado que la «última copa de la noche» es peligrosa si la persona se duerme con un elevado nivel de alcohol en sangre. Una persona que se haya pasado la noche bebiendo de forma abundante, y a continuación toma unas últimas copas rápidas, antes de quedar dormida, corre el riesgo de no volverse a despertar.

4. DOSIS BAJAS DE ALCOHOL PUEDEN AFECTAR A LAS CAPACIDADES DE LA PERSONA

Una persona puede ver menguadas de forma notable sus capacidades a causa del alcohol y no darse cuenta o no aparentarlo (incluso al experto puede pasarle desapercibido). En un estudio, sólo aproximadamente un 10 % de los sujetos con un nivel de alcohol en sangre de unos 50 mg/dl (suficiente, en opinión de muchos expertos, para dificultar de forma significativa la conducción) daban muestras de sufrir una intoxicación etílica cuando fueron evaluados por personal especializado. Un dato todavía más sorprendente del estudio es que ese personal sólo detectaba alrededor de un 65 % de las personas que tenían niveles de alcohol en sangre superiores a los establecidos legalmente para poder conducir. Las apariencias pueden ser muy engañosas cuando se trata de detectar el estado etílico de una persona.

Como hemos dicho anteriormente, la cantidad de alcohol necesaria para incidir en la capacidad de conducir un coche se sitúa muy por debajo de los límites establecidos legalmente para considerar que una persona no es apta para la conducción. Esto se debe a que para conducir un vehículo se requiere desarrollar un complejo conjunto de actividades, que implican atención, concentración, coordinación de movimientos, tiempo de reacción, emisión de juicios y memoria. Para llevar a cabo todas estas tareas de forma simultánea, el cerebro tiene que trabajar con más intensidad que cuando la persona está tranquilamente mirando una película o conversando con los amigos. Y aquí radica precisamente el problema: con una dosis de alcohol baja las carencias no se ponen de manifiesto hasta que las exigencias que se le plantean al cerebro son de cierta magnitud. Así pues, quien ha consumido sólo una cantidad moderada de alcohol en realidad puede sufrir una peligrosa merma de sus capacidades en muchas situaciones.

5. El cerebro de los adolescentes es distinto
   del cerebro de los adultos

Prácticamente todo el mundo considera que la adolescencia es un momento único de la vida. Estudios recientes indican que el alcohol afecta a los adolescentes de forma distinta a como lo hace en los adultos; lo hace de varias e importantes maneras.

Tiempo atrás, la mayoría de madres y padres conminaban a sus hijos a no beber con los únicos argumentos de que se trataba de una actividad ilegal o de que ellos así se lo ordenaban. Ninguno de estos planteamientos ha tenido nunca mucha fuerza, como lo demuestran las estadísticas sobre el número de adolescentes que beben en Estados Unidos. Sin embargo, en la actualidad, algunos descubrimientos científicos pueden ayudar a trasladar este debate del terreno de lo emocional al terreno de los hechos.

Hasta hace relativamente poco tiempo, la mayoría de personas pensaban que el desarrollo del cerebro finalizaba casi por completo en la primera infancia y que posteriormente se producían muy pocos cambios hasta que empezaban a apreciarse los efectos del envejecimiento. Hoy se ha podido constatar que el cerebro continúa desarrollándose a lo largo de la infancia y la adolescencia, hasta más allá de los 20 años aproximadamente. Una de las diferencias del cerebro en desarrollo, con respecto al cerebro adulto, es la capacidad que tiene para cambiar de respuesta según las distintas experiencias. Un ejemplo de este tipo de cambio es el aprendizaje. El cerebro joven parece estar «diseñado para aprender». Dado que el cerebro joven está en proceso de establecer conexiones permanentes entre las células nerviosas, es posible que la presencia de cualquier sustancia química durante esta fase interfiera de una forma impredecible en la consolidación de esas conexiones para el resto de la vida.

Otro hecho que debe tenerse en cuenta es que el cerebro tiende a cambiar en respuesta al uso continuado de una droga. Como hemos explicado en el capítulo dedicado a describir el funcionamiento de las drogas (capítulo 2), el cerebro se adapta a las sustancias químicas modificándose a sí mismo para reducir su sensibilidad. Este proceso es la base de lo que denominamos tolerancia. Disponemos de muy poca información acerca de lo bien que se «adapta» el cerebro a la exposición continuada al alcohol durante la adolescencia. La experiencia que se tiene con otras drogas parece indicar que el cerebro podría ser todavía menos tolerante al alcohol, lo cual significaría que podría quedar más afectado a lo largo del tiempo.

Las investigaciones más recientes indican que el alcohol es una droga que afecta a los adolescentes de distinta manera a como afecta a los adultos. En determinados aspectos, el alcohol es más potente para los adolescentes y en otros aspectos lo es menos. Los estudios efectuados con animales demostraron que el alcohol afecta a la actividad de las sustancias químicas implicadas en el aprendizaje de forma más intensa en los animales jóvenes que en los adultos. De hecho, en el cerebro adolescente, esta actividad queda afectada por una cantidad de alcohol que equivale tan sólo a una consumición. Este hallazgo quedó reflejado en experimentos que evaluaban la capacidad de los animales jóvenes para aprender bajo la influencia del alcohol: las dosis pequeñas, que no afectaban a los adultos, disminuían gravemente la capacidad de aprendizaje de los animales jóvenes.

Un estudio reciente de nuestros laboratorios evaluó la influencia del alcohol en el aprendizaje de personas con edades comprendidas entre los 21 y los 29 años. Los resultados fueron sorprendentes. El alcohol incidía mucho más en el aprendizaje de los jóvenes de 21 a 24 años que en los que tenían 25 años o más. Este resultado muestra claramente que, incluso entre los adultos jóvenes, el alcohol tiene potentes efectos sobre el aprendizaje. Por motivos legales y éticos no pudimos realizar esta investigación con adolescentes, pero creemos que los resultados habrían sido aún más relevantes.

Todo lo expuesto sugiere una conclusión: el alcohol afecta a la función mental de los jóvenes más que a la de los adultos. Por lo tanto, dado que tienen el cerebro más sensible, los jóvenes no deberían beber. Sin embargo, existe por lo menos un factor en el que los jóvenes parecen *menos* sensibles a los efectos del alcohol. Los estudios con animales han demostrado que las dosis elevadas de alcohol son mucho menos sedantes en animales jóvenes que en adultos. Esto sugiere que el alcohol puede provocar menos somnolencia en los jóvenes que en los adultos.

Naturalmente, esto no indica que beber sea más seguro para los adolescentes. Sólo significa que los adolescentes necesitan beber más que los adultos para alcanzar el estado de somnolencia que obliga a dejar de beber. Además, las funciones cerebrales que controlan la somnolencia no son las mismas que controlan el razonamiento y la toma de decisiones. Después de beber, un adolescente puede estar lo suficientemente despierto como para actuar, y sin embargo adoptar decisiones completamente erróneas respecto a lo que debe hacer. Un profesor nuestro de farmacología solía decir: «Un borracho espabilado sigue siendo un borracho».

Lo que se desprende de esta investigación es que los adolescentes tienen justamente un modelo opuesto al de los adultos por lo que respecta a la sensibilidad al alcohol. Pueden beber más que los adultos sin dormirse y sacan más partido del alcohol, pero también son más vulnerables en lo concerniente a los efectos del alcohol sobre la función mental.

6. Beber hasta la embriaguez es especialmente peligroso

Los jóvenes que beben, incluyendo a los estudiantes universitarios, a menudo toman cinco o más consumiciones seguidas. Este volumen de ingesta alcohólica se define en la literatura científica y médica como «estado de embriaguez» para los hombres. El número de consumiciones que constituyen embriaguez para las mujeres son cuatro. De acuerdo con el National Survey on Drug Abuse del año 1997, más del 40 % de los 11 millones de bebedores de edades comprendidas entre los 12 y los 20 años llegaban a la embriaguez.

Las razones de la embriaguez entre los jóvenes no están del todo claras, pero probablemente el hecho de alcanzar ese estado se debe a que realmente les gusta la sensación que provoca la subida de los niveles de alcohol; y también se debe al conjunto de circunstancias bajo las que se produce ese consumo. El hecho de que beber sea ilegal para los adolescentes les obliga a beber de forma rápida para evitar ser sorprendidos; y, así, beben de camino a una fiesta o durante los breves intervalos de tiempo en los que sus padres ignoran dónde estan. Con independencia de cuáles sean los motivos que les conducen a ello, beber hasta embriagarse es una mala idea y es algo sobre lo que deben hablar padres e hijos.

Naturalmente, beber hasta el estado de embriaguez implica consumir grandes dosis de alcohol; anteriormente hemos expuesto los riesgos letales de una sobredosis. Pero además de los aspectos físicos relacionados con la dosis ingerida durante un episodio de embriaguez, existen también riesgos de índole social y emocional. Por ejemplo, un estudio, realizado con estudiantes universitarios que se embriagaban, mostró que durante la borrachera el 63 % había hecho algo «bajo la influencia del alcohol» de lo que luego se arrepentía. El 54 % de estos estudiantes explicaron que pasaron por la experiencia de olvidar dónde estuvieron o qué hicieron durante el periodo de embriaguez (un estado mental comprometido que puede conllevar un peligro real). También informaron de que su comportamiento sexual se había visto influido por el alcohol (el 41 % dijo que durante el periodo de embriaguez se había visto envuelto en una relación sexual no planeada y el 22 % explicó haber practicado sexo sin protección).

Además de los peligros directamente asociados con un determinado episodio de embriaguez, hay pruebas que indican que este *modo* de beber puede ser especialmente perjudicial para el cerebro. En otro estudio, sometieron a un grupo de «bebedores sociales» a diversas pruebas de capacidad mental cuando *no* estaban bajo la influencia de bebidas alcohólicas. Se llegó a la conclusión de que muchas de estas personas padecían un déficit entre leve y moderado en sus funciones mentales. Esto no es de extrañar si se tiene en cuenta lo que se sabe sobre los efectos que produce el alcohol en el cerebro con el transcurso del tiempo. Sin embargo, resultó sorprendente saber que el mejor método para predecir la incapacidad mental de los bebedores sociales fuera la cantidad de alcohol ingerida en cada ocasión. Las personas que más bebían en cada episodio tenían más probabilidades que el resto de sufrir déficit mentales; y ello aun cuando el consumo global de alcohol a lo largo de sus vidas fuera el mismo.

El cerebro es un órgano sensible. Cuando una persona bebe mucho de una sola vez, se abstiene de consumir alcohol durante varios días y luego se vuelve a embriagar, provoca que la actividad cerebral oscile como si se tratara de un yo-yo. El alcohol incide sobre el cerebro con fuerza, inhibiéndolo; después el órgano se «recupera» y entra en un estado de hiperactividad mientras el episodio de embriaguez remite. (Se trata del mismo fenómeno que provoca que los bebedores, adultos o adolescentes, se despierten a medianoche sintiéndose exhaustos.) Cuando este modelo de inhibición-recuperación-inhibición se repite cada pocos días, la situación puede ser especialmente perjudicial para el cerebro. Hay pruebas que parecen indicar que el estado de «recuperación» puede dañar directamente las células nerviosas del cerebro.

7. OTRAS DROGAS PUEDEN MULTIPLICAR LOS PELIGROSOS EFECTOS DEL ALCOHOL, ESPECIALMENTE AQUELLAS QUE PROVOCAN SEDACIÓN Y SOMNOLENCIA

Algunas de las drogas que pueden agravar los peligros del alcohol son:

- Valium (diazepam) y otros medicamentos para el sueño o la ansiedad.
- Antihistamínicos o fármacos para las alergias.
- Medicamentos para los resfriados que contengan dextrometorfano, un inhibidor de la tos.
- Barbitúricos (como pentobarbital o fenobarbital).
- Drogas recreativas como la heroína o el GHB.

Uno de los factores más importantes de las drogas es que su interacción puede producir potentes efectos, a menudo peligrosos. El alcohol constituye un especial problema debido a que su consumo está tan extendido que con frecuencia la gente no piensa que se trata de una droga potente, y de forma inadvertida toma simultáneamente un medicamento o una sustancia recreativa.

En casos así, puede suceder que sobre las células cerebrales actúen influencias opuestas (sustancias químicas excitantes e inhibidoras). Las sustancias excitantes influyen sobre el sistema nervioso para que actúe, en tanto que las sustancias inhibidoras controlan la actividad, con el fin de que el sistema nervioso no se descontrole. Si establecemos un símil, estas sustancias cumplirían la misma función que cumplen el acelerador y el freno en un automóvil. En general, el alcohol inhibe la acción de las sustancias químicas excitantes y realza la de las sustancias inhibitorias (alivia la presión que se ejerce sobre el acelerador e incrementa la presión sobre el freno). Todas las drogas enumeradas anteriormente ejercen una acción de freno sobre el cerebro. De esta forma, si se ingiere alcohol junto con un fármaco o una sustancia recreativa que tenga uno de estos efectos o ambos a la vez, existe un peligro real de una interacción negativa. La interacción puede acarrear consecuencias muy diversas, pero una de las más peligrosas es la inhibición de las funciones vitales, como la respiración, aun teniendo un nivel de alcohol en sangre que en condiciones normales no causaría problema alguno. Dado que muchos bebedores no son conscientes de esta interacción, creen que pueden ingerir la dosis habitual, y posteriormente tienen problemas.

Las personas que beben alcohol deben tener especial precaución con los medicamentos administrados en forma de cápsulas «de liberación prolongada», que a menudo se pueden obtener sin receta médica para tratar la alergia o los síntomas del resfriado. Cabe la posibilidad de que la persona tome la cápsula y se olvide de que el fármaco se libera lentamente, beba una copa y sufra luego una reacción adversa.

Existen otras interacciones entre el alcohol y los medicamentos. Incluso dosis combinadas que no causan problemas respiratorios pueden provocar profundas reducciones de la movilidad, la capacidad de razonar y el juicio; en definitiva, se trata de consecuencias más graves que las que se habrían derivado de la dosis de alcohol administrada de forma aislada. Con frecuencia, al dispensar un medicamento, los farmacéuticos ofrecen información sobre estos peligros. En los fármacos que se pueden obtener sin prescripción facultativa suele haber una advertencia en el envase. Sin embargo, lo más conveniente es recordar que el alcohol es una droga y que mezclar drogas puede causar graves problemas.

Hablar con los jóvenes sobre el alcohol

• Busque un ejemplo de un anuncio de bebidas alcohólicas y coméntelo con sus hijos. Indique que la empresa elaboradora está intentando convencer a la gente para que consuma alcohol y que recurre a imágenes atractivas para conseguir su objetivo. Por ejemplo, las ranas de Budweiser son divertidas; se trata de criaturas amigables que consiguen captar la atención, que luego es desviada hacia la cerveza. También hacen que el producto parezca más inofensivo (como si pudiera atontarle sin causarle una intoxicación ni otro tipo de daño). Otros anuncios recurren a la atracción del sexo y muestran a personas guapas pasándoselo bien mientras beben alcohol. Debe subrayar que los anuncios no explican toda la verdad: si una persona consume demasiado alcohol puede ponerse en peligro o dañar su cuerpo.

• Admita el hecho de que los adolescentes que nunca han consumido alcohol pronto pueden tener la oportunidad de hacerlo. La tabla reproducida anteriormente en este capítulo muestra que más del 40 % de los jóvenes de 10° curso han bebido alcohol en el transcurso del último mes. Esto significa que aunque su hijo no esté consumiendo alcohol, tiene bastantes probabilidades de conocer a alguien que lo haya consumido. Así pues, ¿qué es lo que debe decir? Reconozca que la presión de los amigos es importante y que cuando éstos hacen algo la tentación de seguirlos es muy grande. Pero es importante para su hijo que sea él quien adopte sus propias decisiones. Usted puede ayudarle enseñándole los hechos concernientes al alcohol. La información de este capítulo le ayudará en esta labor.

• Hable sobre el hecho de que las personas encuentran atractivo el alcohol porque les hace sentirse bien durante un rato; esto es debido a que se activan partes del cerebro cuya función es hacernos sentir bien tras realizar cosas que son agradables para nosotros, como por ejemplo comer. Tal y como se explica en el capítulo dedicado a los estimulantes (capítulo 13), el sistema de recompensa del cerebro está presente en los seres humanos y en otros animales para garantizar un comportamiento que favorezca la supervivencia. Si se siente cómodo hablando sobre sexo, explique que el sexo es un gran estimulante del sistema de recompensa debido a que es necesario para la supervivencia de la especie; la mente se organiza de manera que trata de asegurar que tengamos ese deseo. Si lo prefiere puede hablar sobre los caramelos u otros alimentos, los olores o las victorias deportivas (cualquier cosa que resulte grata). Entonces explique que el alcohol es un activador químico, artificial, de ese sistema (un activador muy potente).

• Ponga de relieve que la activación química repetida de este sistema puede provocar que el individuo ansíe esa sustancia y quiera seguir consumiéndola aun cuando le perjudique.

• Explique que, además de activar el sistema de recompensa, el alcohol también inhibe partes del cerebro que están destinadas a protegernos: los centros de ansiedad que nos hacen sentir inquietos o temerosos en presencia del peligro. Probablemente estas partes del cerebro también evitan que hagamos cosas que sabemos que están mal. Así pues, cuando una persona bebe puede adoptar decisiones que si estuviera sobria no adoptaría.

• Piense en algunas situaciones en las que la ansiedad puede resultar beneficiosa y en las consecuencias potencialmente peligrosas que se derivan de la reducción de la ansiedad que provoca el alcohol. Dos ejemplos adecuados son el sexo y la conducción imprudente, pero existen otros muchos ejemplos de comportamientos peligrosos que la gente lleva a cabo cuando está bajo la influencia de bebidas alcohólicas.

• Explique que, aunque algunas personas utilizan el alcohol y otras drogas para evitar la ansiedad asociada a aspectos desagradables de sus vidas, como un trabajo aburrido, una mala relación, dificultades en las relaciones con los compañeros o estrés social en general, las drogas nunca cambian la situación subyacente, sino que únicamente cambian la respuesta cerebral a esa situación. Utilice como ejemplo un dulce: ¿atiborrarse de chocolate puede modificar la mala calificación obtenida en un examen?

• Admita que todos, de vez en cuando, queremos cambiar la forma en que nos sentimos. Todos sufrimos desengaños y dolor, y disfrutamos haciendo el loco y siendo felices. Pero utilizar sustancias químicas para conseguir cambios en el estado de ánimo es sólo una solución a corto plazo.

• Probablemente no haya una conversación más importante con los hijos que aquella en la que se debata de forma clara y abierta acerca de los peligros de la intoxicación etílica y de la sobredosis mortal. Puede empezar explicando que el cerebro no sólo nos proporciona la capacidad de pensar y de sentir, sino que también controla muchas funciones importantes de nuestro organismo, en las que no solemos pensar, como la respiración o la regulación de la temperatura corporal. Si el cerebro deja de mantener esas funciones, aunque sea por un breve lapso de tiempo, la persona muere. Refiérase al cerebro como el procesador central de un ordenador: si se extrae, aunque algunas partes puedan funcionar todavía, el ordenador será totalmente inútil.

• Explique que cuando una persona bebe mucho de una sola vez puede introducir en su cerebro suficiente alcohol como para inhibir funciones orgánicas básicas. No hay señales claras que adviertan al bebedor de que su nivel de alcohol en sangre ha alcanzado un límite peligroso; pero, aunque las hubiera, es posible que se encuentre demasiado afectado como para darse cuenta o como para preocuparse por ellas. Cuando la persona ha bebido lo suficiente como para desmayarse, se encuentra indefensa; si en ese momento el nivel de alcohol se eleva hasta niveles letales, la persona fallecerá.

• Recuerde a sus hijos que vomitar cuando se está bebido es peligroso, debido a que puede aspirarse el vómito. Se trata de una imagen desagradable, pero causa impresión. Los jóvenes piensan que vomitar les ayudará a liberarse del alcohol que hay en su organismo, pero sólo se elimina una pequeña parte de la última dosis ingerida (así pues, optar por vomitar es una mala idea). Lo mejor es no beber lo suficiente como para estar próximo a un nivel letal o a un estado que provoque el vómito.

• Acuda a una comisaría de policía cercana o a un local de Mothers Against Drunk Driving (MADD) y consiga una tabla en la que se detalle cuántas copas es preciso tomar, en función del peso de la persona, para alcanzar los diversos grados de intoxicación etílica. También puede obtener las tablas del nivel de alcohol en sangre publicadas por el gobierno de Estados Unidos consultando la siguiente dirección en Internet: http://www.health.org:80/non-govpubs/bac-chart/index.htm. Con estas tablas puede calcular exactamente cuántas bebidas es necesario tomar para alcanzar el nivel de 0,35 y qué cantidad de alcohol se precisa para estimar que la persona se encuentra dentro del límite legal. Se trata de una información fundamental para los jóvenes. Le recomendamos que se asegure de que sus hijos tienen conciencia del número de cervezas, vasos de vino y consumiciones de alcohol de alta graduación que son precisos para alcanzar estos niveles.

• Advierta a sus hijos de que nunca deben participar en una apuesta para comprobar quién consume más alcohol, ni tomar bebidas que enmascaren el sabor de concentraciones alcohólicas elevadas. Con frecuencia, las asociaciones estudiantiles y las residencias universitarias son famosas por sus recetas de «ponches», que disimulan el sabor del alcohol. Estas bebidas suelen tener elevadas concentraciones de alcohol, pero se consumen con facilidad; la consecuencia es que rápidamente se alcanza un elevado nivel de alcohol en sangre.

• Haga saber a sus hijos que si han estado bebiendo y empiezan a sentirse somnolientos, o tienen dificultades para expresarse, andar o centrar la visión, ello es indicativo de que están en peligro y deben buscar ayuda. Es muy importante que sus hijos sepan que usted está a su disposición para ayudarles, independientemente de cuál sea la circunstancia en la que se encuentren. Lo último que usted desea es que su hijo tenga problemas y no lo llame porque está preocupado acerca de las consecuencias que se puedan derivar de su comportamiento. Para muchos esto puede parecer la concesión de un permiso para beber, pero no se trata de esto. Puede ser claro con un joven expresándole su total oposición a que beba, y sin embargo reconocer que ocasionalmente habrá circunstancias en las que sus expectativas no se verán cumplidas. Deje claro que en estos casos la principal prioridad es su seguridad (y que se tiene que sentir absolutamente cómodo recurriendo a usted o a una tercera persona en busca de ayuda).

• Recomendamos que se establezca un «contrato» familiar en el que se dejen claros estos aspectos. La asociación Mothers Against Drunk Driving (MADD) ha producido un CD-ROM (que se puede obtener a través de http://keytalk.madd.org/thekey) que está diseñado para ayudar a las familias con hijos adolescentes a establecer un pacto sobre la conducción y el consumo de bebidas alcohólicas. Cada familia tendrá sus propias expectativas y normas, pero con independencia de cuáles sean, es muy importante que todos los miembros de la familia las entiendan perfectamente, a fin de que el pacto familiar les proporcione seguridad respecto a los hijos en caso de que éstos tengan problemas.

• Recurrir al ejemplo del buen estado físico es una manera adecuada de subrayar el hecho de que un poco de alcohol puede afectar al rendimiento. Piense en una persona con una enfermedad o lesión leve (como un esguince de tobillo). Probablemente, esta lesión no le afectará mucho mientras permanece sentado o incluso mientras ronda por la casa. Pero si se le pide que participe en el partido de fútbol que se organiza en el barrio, es posible que la leve distensión de ligamentos tenga una gran incidencia en su rendimiento. Un poco de alcohol se puede comparar a una lesión menor: no es probable que moleste hasta que se intente hacer algo más complicado que permanecer sentado; entonces los efectos pueden ser peligrosos.

• Recuerde constantemente a sus hijos lo excepcional y especial que es el cerebro. Dígales que su cerebro todavía está creciendo y cambiando, y que esto, en cierto sentido, les da una gran ventaja. Pueden aprender más rápidamente y memorizar más información. Éste es el motivo por el cual nuestra sociedad educa a sus jóvenes. Pero estas diferencias que les reportan ventajas tienen también riesgos adicionales. Un cerebro en evolución es vulnerable y cualquier perturbación del proceso de cambio podría tener consecuencias a largo plazo respecto al funcionamiento futuro.

• Explique que el alcohol afecta a las sustancias químicas que favorecen el aprendizaje. Recuerde a su hijo las historias que ha oído sobre personas con tal grado de embriaguez que no se acuerdan de lo que les ha sucedido. Explíquele que esto se debe a que las sustancias químicas encargadas del aprendizaje han sufrido un bloqueo. Dígale que los estudios más recientes indican que los adolescentes pueden ser mucho más vulnerables a estos efectos que los adultos.

• Explique a su hijo que aunque el alcohol puede hacer que un adulto se sienta somnoliento después de un par de tragos, los jóvenes pueden no sentirse así después de ingerir la misma cantidad de bebida. Sin embargo, esto no significa que el alcohol no esté afectando a su capacidad física, a su razonamiento y a su coordinación. De hecho, los jóvenes pueden resultar más afectados que los adultos.

• Para referirse al síndrome de abstinencia del alcohol, coloque un pequeño muelle sobre una mesa e indique que si permanece quieto es debido a que nadie lo comprime con la fuerza suficiente como para hacerlo saltar. A continuación, lentamente, comprima el muelle con un dedo o empleando un lápiz. Cuando la presión se libera, el muelle no permanece en su posición inicial, sino que «salta» hacia arriba y vuela sobre la superficie de la mesa, y ello debido a que se ha dejado de ejercer presión sobre él. Explique que cuando la actividad cerebral se inhibe a causa de una gran ingesta de alcohol, y a continuación, a medida que el organismo elimina el alcohol, deja de ejercerse esa presión, el cerebro se torna hiperactivo durante un tiempo, al igual que sucede con el muelle cuando se deja de ejercer fuerza sobre él. Las células cerebrales pueden quedar dañadas por este tipo de hiperactividad. Beber hasta embriagarse es exactamente el modelo de ingestión alcohólica que crea ese estado de hiperactividad.

• Sea un modelo de comportamiento saludable. Si usted consume alcohol regularmente, señale a sus hijos que evita su ingestión cuando toma otras medicinas, a menos que el farmacéutico o el médico le haya autorizado lo contrario. Comente estas circunstancias. Dígales que no toma vino u otra bebida debido a que le preocupa una posible interacción. Preste atención a lo que se dice en la etiqueta del envase o en el prospecto del fármaco y destaque las advertencias que se efectúan respecto a las interacciones con el alcohol. Si cree que puede ser efectivo, pídale a su farmacéutico o a su médico que comente este concepto con sus hijos.

• Explique que el alcohol es una droga. Dígales a sus hijos que el alcohol es una sustancia química que enlentece la actividad del sistema nervioso (éste es el motivo por el cual a la gente le gusta). Ponga de relieve que existen otras sustancias que, al igual que sucede con el alcohol, también inhiben el sistema nervioso; por ejemplo, los medicamentos para el resfriado y para la alergia que contienen antihistamínicos, los inhibidores de la tos con dextro-metorfano y los ansiolíticos como el Xanax o el Valium. Aproveche esta oportunidad para señalar que los fármacos para combatir la alergia también son sustancias que afectan al cerebro. Asimismo, se puede indicar que algunas sustancias que forman parte de nuestras comidas también son drogas, como el café y el vino.

• Explique que sabe que hay personas que mezclan el alcohol con otras drogas recreativas. No tiene por qué ser un experto en la materia para mantener esta conversación, ya que es de sobras conocido que la mezcla del alcohol con cualquier sustancia sedante (ansiolíticos, antihistamínicos, sedantes u opiáceos) potencia sus efectos. Advierta a sus hijos de que muchas de las posibles interacciones de las drogas con el alcohol son inesperadas y pueden ser mortales, por lo que es preciso evitarlas.

5

La cafeína

Sin ninguna duda, entre las sustancias que alteran la mente, la cafeína es a la que los jóvenes tienen más fácil acceso. Se encuentra presente en refrescos, tés, cafés, algunos fármacos que no requieren prescripción médica e incluso en dulces. Para muchos adultos la cafeína se ha convertido en un hábito cotidiano, que aceptamos como normal. De lo que tal vez no somos conscientes es de que muchos niños también consumen importantes dosis diarias de cafeína, aunque ni ellos ni sus padres lo saben.

La cafeína, tomada con moderación, es totalmente segura. Sin embargo, a dosis elevadas es un potente estimulante del sistema nervioso central (de hecho, es tan potente que una sobredosis puede provocar ataques epilépticos). Incluso se utiliza para provocar convulsiones en la terapia electroconvulsiva utilizada para combatir la depresión. Por lo tanto, es una sustancia de la que se debe hablar con seriedad.

La cafeína y las sustancias similares, como la teofilina (un fármaco para el asma) y la teobromina, actúan inhibiendo el efecto de una sustancia química cerebral denominada adenosina. La adenosina es uno de los calmantes cerebrales más importantes; cuando no actúa de una forma adecuada, el cerebro se torna extremadamente excitable y estímulos normales pueden provocar respuestas exageradas.

En la cantidad que contiene una dieta normal, la cafeína puede aumentar el ritmo cardíaco y la presión arterial, y provocar el estímulo o la sensación que realmente persigue quien la consu-

93

me. Es ideal para mantenerse despierto cuando las circunstancias lo requieren, o simplemente para estar un poco más alerta en situaciones aburridas.

Las investigaciones han demostrado claramente que, para los adultos, un consumo normal de cafeína (un par de refrescos o de tazas de café al día) es razonablemente seguro. Un consumo próximo al doble de esta cantidad puede empezar a causar problemas de hipertensión y ansiedad en algunas personas. Un exceso de cafeína provoca nerviosismo, ansiedad e incluso náuseas (son todos síntomas de sobreestimulación del sistema nervioso central).

Las cosas más importantes que deben saberse acerca de la cafeína

1. LA CAFEÍNA ES LA SUSTANCIA PSICOACTIVA QUE MÁS FÁCILMENTE PUEDE CONSEGUIRSE EN NUESTRA SOCIEDAD

Todo el mundo puede conseguir cafeína en cualquier lugar: no existen restricciones legales para nadie, independientemente de cuál sea la edad de la persona. Está presente en los alimentos y en las bebidas que normalmente toman los niños. La mayor parte de la cafeína que consumen los jóvenes proviene de los refrescos y del té. Si se observan algunos anuncios de bebidas refrescantes se puede constatar que el estímulo asociado a la cafeína forma parte de su atractivo. Se pueden ver imágenes de niños bebiendo ciertos refrescos, jugando de manera intensa y pasándoselo bien. Se trata de imágenes de gran efecto, que no se utilizarían si no tuvieran una influencia en el comportamiento.

2. LOS NIVELES DE CAFEÍNA DE DIFERENTES PRODUCTOS VARÍAN CONSIDERABLEMENTE

A continuación se señalan los niveles de cafeína aproximados de diversos alimentos y fármacos.

Contenido medio de cafeína en cafés

Tipo de café	Miligramos
Café de goteo (var. robusta) (230 g)	150
Café de goteo (var. arábica) (230 g)	100
Café filtrado (var. robusta) (230 g)	110
Café filtrado (var. arábica) (230 g)	75
Café instantáneo (230 g)	65
Café descafeinado (230 g)	3
Café exprés (y bebidas a base de café exprés) elaborado con grano de café arábica (43-58 g)	90

Contenido medio de cafeína en tés

Tipo de té	Miligramos
Té preparado, marca nacional	
5 minutos de elaboración	40 (20-90)*
1 minuto de elaboración	30
Té preparado, marca de importación	
5 minutos de elaboración	60 (25-110)*
1 minuto de elaboración	45
Té helado (35 cl)	70

* Dependiendo de la marca evaluada.

Contenido medio de cafeína en refrescos

Bebida	Miligramos
Canada Dry Jamaica cola	30
Coca-Cola	46
Dr. Pepper	46
Mello Yello	53
Mountain Dew	54
Pepsi-Cola	38

Contenido de cafeína en fármacos que se venden con o sin prescripción médica

Nombre comercial	Miligramos
PARA GRIPES Y RESFRIADOS	
Rinomicine	30-50
Desenfriol	32,4
Coricidin	30
ANALGÉSICOS	
Analgilasa	30
Cafergot	100
Hemicraneal	100
Igril	100
Meloka	10
ESTIMULANTES	
Durvitan	300

3. LA CAFEÍNA TIENE POTENTES EFECTOS A CORTO Y LARGO PLAZO SOBRE EL ORGANISMO

Incrementando la excitabilidad de los circuitos cerebrales, la cafeína estimula los centros que controlan tanto el estado físico como el psicológico. Resulta increíble la cantidad de sistemas orgánicos que quedan afectados por la cafeína: se estimula el corazón, los riñones producen más orina de lo que es normal, la respiración se acelera y las vías respiratorias se ensanchan, y los vasos sanguíneos del ojo se estrechan. La cafeína aumenta la sensibilidad a los factores estresantes, puesto que hace que aumente la cantidad de adrenalina que circula por el torrente sanguíneo.

La cafeína afecta a varios procesos cerebrales. Al igual que otros estimulantes, mejora la capacidad de atención y facilita la concentración en una tarea. Estimula la parte del cerebro que nos mantiene despiertos y produce una ligera euforia, que a la gente le resulta muy agradable. A dosis más elevadas, activa áreas cerebrales que producen ansiedad, miedo y pánico. A menudo, las personas que padecen problemas de ansiedad y quienes están sometidos a múltiples factores causantes de estrés, se encuentran mucho mejor después de reducir su consumo de cafeína.

La cafeína también tiene efectos a largo plazo sobre el cerebro. El consumo habitual (a diario o casi a diario) provoca que el cerebro se adapte a su presencia a través de una serie de cambios químicos. De esta forma, empieza a depender de la cafeína para mantener su estado normal en muchas de sus funciones. Si la persona deja de consumir cafeína, todos los procesos que se han adaptado a esta sustancia experimentan una súbita alteración. El restablecimiento de sus características normales puede tardar varios días.

Si usted tiene dependencia de la cafeína es posible que haya experimentado este efecto. ¿Recuerda haber dejado de tomar café un sábado por la mañana y luego haber sufrido un dolor de cabeza «endemoniado»? ¿Recuerda lo apático y deprimido que se sentía? Entonces, si a continuación usted tomó una taza de café, ¿recuerda haber experimentado un agradable bienestar? Pues bien, así es como actúa una droga. El cerebro se vuelve tolerante a la cafeína. Cuando usted se olvida de tomar la taza de café, el cerebro la encuentra a faltar; y cuando finalmente se la toma, el cerebro se recupera.

¿SE DEBE IMPEDIR QUE LOS NIÑOS CONSUMAN LA MÁS MÍNIMA CANTIDAD DE CAFEÍNA?

La cafeína es una potente sustancia que afecta a muchos sistemas cerebrales; por ello cabe plantearse si el cerebro en desarrollo puede quedar expuesto a ella. En la actualidad no existe ningún estudio científico que dé una respuesta específica a este interrogante. Sin embargo, en algunas investigaciones se está empezando a poner de manifiesto que el cerebro en desarrollo es especialmente sensible a algunas sustancias, y en particular al alcohol. Como neurobiólogos, nuestros conocimientos nos indican que el uso crónico de cualquier sustancia durante el proceso de desarrollo cerebral tiene el potencial de modificar ese desarrollo. Es un hecho incuestionable que multitud de jóvenes consumen cafeína y no parece haber problema alguno. *Nosotros aconsejamos que los padres presten atención a la cantidad de cafeína que consumen sus hijos para asegurarse de que no tienen problemas para conciliar el sueño ni presentan trastornos de ansiedad.*

Hablar con los jóvenes sobre la cafeína

• Dígale a sus hijos que la cafeína es una droga y que está presente en muchos de los refrescos que consumen.

• Confeccione una lista con sus hijos de todos los refrescos y medicamentos que contienen cafeína y que ellos y sus amigos consumen (puede utilizar las tablas reproducidas anteriormente). Explíqueles que, a lo largo del día, consumen mucha cafeína procedente de varias fuentes y que todas esas cantidades se van acumulando.

• Calcule el consumo diario de cafeína. Subraye que incluso dosis de 50 mg pueden provocar efectos psicoactivos en personas adultas. Por lo tanto, y teniendo en cuenta que el cuerpo infantil es de menor tamaño, los niños sufrirán los mismos efectos con dosis inferiores. Explique que una dosis de cafeína que a un adulto puede mantenerlo despierto de una forma plácida a un menor puede causarle un estado de nerviosismo por la sencilla razón de que equivale a un nivel más elevado de cafeína.

• Ponga de relieve que la cafeína se añade de forma deliberada en algunos refrescos para incitar al consumo. Algunas empresas dicen que lo hacen para mejorar su sabor, pero resulta evidente que los efectos estimulantes de dicha sustancia forman parte del atractivo de sus productos. Enfatice el hecho de que algunas empresas alimentarias incluyen la cafeína entre sus ingredientes porque creen que así su producto se venderá más.

• Reflexione sobre su propio consumo de esta sustancia y sobre cómo expone esta circunstancia. ¿Suele hablar de su «adicción» a la cafeína y de la necesidad que siente de tomarla para despejarse por la mañana o de permanecer despierto por la noche? ¿Explica el placer que le produce la cafeína que ingiere después de tomarse un café o de beberse un refresco de cola? Si es así, tal vez esté transmitiendo el mensaje de que no hay problema alguno en consumir esta sustancia para modificar su comportamiento o sus sentimientos. Estos mensajes pueden ser muy impactantes para los niños y también pueden tener implicaciones respecto al planteamiento que se hagan respecto a otras drogas.

• A los niños más pequeños les costará mucho entender que la cafeína regula tantas funciones orgánicas. Aunque indudablemente experimentan estos efectos, es probable que no los identifiquen, salvo que consuman enormes cantidades de esta sustancia. Lo mejor que puede hacer un adulto es simplemente explicarles que la cafeína altera todos estos procesos orgánicos, y en especial los que modifican el estado psicológico. Dígales que le consta que la cafeína les hace sentir de manera distinta (tal vez animados o tal vez decaídos), aunque ellos no sean capaces de describir la diferencia. Explíqueles que si la cafeína puede provocar estos cambios, esto significa que se trata de una sustancia potente y que afecta al cerebro.

• Con niños mayores puede hablar de las funciones orgánicas que modifica la cafeína. Admita que esta sustancia hace que la gente se sienta bien y explíqueles a qué se debe esto. Asegúrese de hablar de su potencial para producir estados de ansiedad y para empeorar situaciones estresantes.

• Los niños mayores también pueden entender que el cerebro se adapta al consumo repetido de una droga, y la cafeína no es una excepción. Adviértales de que el uso continuado de esta sustancia puede provocar una dependencia real.

• Dormir es absolutamente esencial para los niños. No olvide que la cafeína puede impedir la aparición del sueño, o incidir en la calidad del descanso, tanto en jóvenes como en adultos. Tal y como veremos en el capítulo que trata de la marihuana (capítulo 8), la información que el cerebro recibe durante el día se codifica para siempre durante el sueño nocturno. La perturbación del sueño incide negativamente sobre el aprendizaje.

6

Los alucinógenos

Ninguna droga, o grupo de drogas, sirve para definir de forma exhaustiva a la categoría de los alucinógenos. La característica que todas estas sustancias comparten es que modifican el razonamiento, el estado de ánimo y la percepción. Aunque respecto a la mayoría de alucinógenos la probabilidad de una sobredosis letal es remota, hay unos cuantos que pueden ser muy peligrosos, incluso a dosis bajas. Pero también las sustancias cuyo riesgo de sobredosis es bajo pueden ser perjudiciales en función de la persona que las consume y en determinadas circunstancias.

Los alucinógenos forman parte de la cultura desde hace milenios. Tanto los pueblos antiguos como los contemporáneos han utilizado los alucinógenos en rituales religiosos y curativos. En algunas culturas, el curandero o chamán recurre a ellos para mejorar el cumplimiento del papel que tiene atribuido en la comunidad. En otras culturas, los alucinógenos se emplean en ritos espirituales o intelectuales de tránsito.

Esta caracterización del tema es coherente también con la percepción que algunos han tenido del uso de los alucinógenos durante el siglo XX. En los años cincuenta fueron famosos los estudios que sobre estas sustancias realizaron los psicólogos Timothy Leary y Richard Alpert (más tarde conocido como Baba Ram Dass), de Harvard. Les intrigaba la aparente capacidad de la psilocibina y del LSD para favorecer un estado de contemplación y una mejora de la autoconciencia. Se consideró que los alucinógenos, potencialmente, podían ser de ayuda desde el punto de vista psicoterapéutico y un instrumento útil para desvelar los secretos del funcionamiento de la mente. En el lado opuesto del debate social que estaba teniendo lugar en Estados Unidos en aquellos años, la CIA también estaba interesada en los alucinógenos y llevó a cabo sus propios experimentos. Posiblemente, el motivo de estas investigaciones no fue ni clínico ni espiritual, pero también estaban basadas en la consideración de que los alucinógenos eran drogas potentes que podían afectar a algunos de los muchos modos sutiles que tienen las personas de pensar, sentir y percibir el mundo.

Es importante destacar que el consumo meramente recreativo de los alucinógenos, que caracteriza su actual popularidad, es un fenómeno más o menos nuevo. Muchos de los consumidores actuales piensan en estas drogas simplemente como un medio para alcanzar un determinado estado en el transcurso de una juerga, y no como el tema serio que históricamente han representado. Esta actitud superficial frente a los alucinógenos puede llevar a subestimar el poder de estas sustancias químicas.

Las cosas más importantes que deben saberse acerca de los alucinógenos

1. HAY MUCHOS TIPOS DISTINTOS DE ALUCINÓGENOS

Casi todos los alucinógenos alteran la percepción que tiene la persona del mundo y de las cosas y su estado emocional. Pero actúan de formas diversas, algunas de las cuales son más peligrosas que otras. Las drogas más conocidas son los *alucinógenos del tipo LSD*: el LSD, los hongos que contienen psilocibina, el DMT (dimetiltriptamina) y la mescalina (del cactus peyote). Todas estas drogas se administran por vía oral, por lo tanto la aparición de sus efectos es relativamente lenta. Durante los primeros treinta minutos la persona puede experimentar mareo, náuseas y ansiedad. A continuación queda afectada la visión y se experimentan sensaciones de «irrealidad» y de falta de coordinación. Es posible que la persona se sienta separada de su entorno e incluso despegada de su propio cuerpo. Una o dos horas después de haber ingerido la droga, los efectos llegan a su momento cumbre, y consisten en cambios sustanciales en la percepción visual, con movimientos de tipo ondulante en el campo de visión, euforia y sensación de que el tiempo transcurre de forma muy lenta. El cerebro puede tardar hasta veinticuatro horas en volver a la normalidad. Aunque todos estos efectos pueden conducir a lapsos potencialmente peligrosos en la capacidad de razonamiento, el riesgo de muerte a causa de sobredosis de estas sustancias es pequeño.

No sucede lo mismo con los *alcaloides de la belladona* (Jimsonweed, belladona y raíz de mandrágora) que contienen las sustancias químicas atropina y escopolamina. Estas sustancias actúan sobre el sistema químico que controla no sólo las funciones mentales, sino también el corazón, los pulmones y la temperatura corporal. El nombre de belladona (o «mujer hermosa») se debe a que estas drogas dilatan las pupilas, lo cual realza el atractivo de las personas. Estas sustancias producen un intenso delirio (desorientación), que a menudo incluye la sensación de estar volando. Pero también provocan amnesia, de forma que es posible que la persona sólo tenga un vago recuerdo de la experiencia. Estas drogas pueden ser mortales, ya que interfieren en los procesos orgánicos vitales.

El *PCP* (feniciclidina) y la *ketamina* (Special K) constituyen una categoría distinta de alucinógenos: son analgésicos que actúan separando a la persona de sus propias sensaciones. La ketamina no suprime el dolor directamente, como lo hace la morfina; su forma de actuar consiste en crear un distanciamiento psicológico del dolor, de forma que la persona o el animal ignoran ese dolor.

Se utiliza para tratar a animales y ocasionalmente a niños, pero no a adultos, salvo en raras circunstancias, debido a que las alucinaciones que produce son desagradables. El PCP es aún más complejo porque, además de provocar alucinaciones, tiene un efecto estimulante y es un analgésico similar a la morfina. Por lo tanto, cuando una persona utiliza PCP sufre alucinaciones, no siente dolor y está sobreestimulada, lo que hace que esta sustancia sea especialmente peligrosa, al igual que lo es la ketamina. A diferencia de lo que sucede con el «grupo» del LSD, es posible ingerir una dosis de PCP o de ketamina suficiente para causar la muerte. También son sustancias peligrosas cuando se combinan con el alcohol.

2. Algunos alucinógenos pueden «desenmascarar» problemas de salud mental subyacentes

Uno de los mitos acerca de los alucinógenos es que pueden provocar que una persona se vuelva «loca» de forma irreversible. La verdad es que el uso ocasional de alucinógenos no *provoca* una enfermedad mental *per se*. Sin embargo, las personas que tienen un historial familiar o predisposición hacia la enfermedad mental tienen más probabilidades de presentar síntomas psiquiátricos durante el consumo de estas drogas. La diferencia la ilustró mejor, hace algunos años, Scott Swartzwelder, un experto más cualificado que nosotros. Scott era conocido entre los estudiantes de su universidad por ser un profesor que impartía enseñanzas relativas al cerebro y a las drogas. Cierto día, Scott recibió una llamada de la decana, que se encontraba en el servicio de urgencias con un estudiante, el cual había sido conducido allí por unos amigos porque mostraba un comportamiento extraño. El estudiante rehusaba recibir cualquier atención médica hasta que pudiera hablar con Scott, pese a que éste no lo conocía en absoluto. Al llegar al servicio de urgencias, Scott encontró al joven en una sala de tratamiento. El muchacho se negaba a que un médico le colocara unos pequeños electrodos en el pecho para monitorizar su corazón. Creía que los electrodos, en su otro extremo, estaban conectados a una instalación de control de la CIA debido a que sus pensamientos eran de gran interés para el gobierno. Inmediatamente después de que Scott se presentara, el estudiante dijo que se sentía muy aliviado, ya que estaba seguro de que él era la única persona en el mundo que posiblemente podría entender la profundidad de sus ideas. El chico le explicó a Scott que durante los últimos años había tomado muchas dosis de LSD. Su habla era forzada y rápida, sus ideas presuntuosas, y saltaba de una idea a otra de forma precipitada, con poca conexión aparente entre ellas. Scott se mostró de acuerdo en hablar con él, pero puso como condición que permitiera que el personal médico lo atendiera. El joven aceptó la atención médica, que vio que estaba físicamente estable. Scott le pidió que continuara colaborando y que transcurridas unas semanas se pusiera en contacto con él para explicarle su evolución. El estudiante estuvo de acuerdo.

Aproximadamente una semana después, Scott supo que el estudiante evolucionaba bien, pero que en una visita el psiquiatra le había diagnosticado un trastorno bipolar (antes denominado depresión maníaca). Los enfermos que se encuentran en la fase maníaca de este trastorno pueden tener síntomas psicóticos (esto es, ser incapaces de diferenciar lo que es real de lo que es meramente producto de su imaginación), que es lo que el cuadro clínico que había padecido el muchacho parecía indicar. Cuando el equipo médico indagó un poco más, supo que tenía un historial familiar de trastorno bipolar, por lo que se le prescribió medicación para disminuir las posibilidades de que volvieran a surgir los síntomas psicóticos. Probablemente precisaría de visitas psiquiátricas periódicas durante el resto de su vida, aunque no necesariamente siempre iba a necesitar medicación.

¿Fue el LSD el causante del trastorno bipolar? Indudablemente no, pero nunca sabremos si los síntomas de la enfermedad habrían emergido si no hubiera sacudido sus procesos de razonamiento con la droga. Esta historia es frecuente y ejemplifica cómo los alucinógenos pueden favorecer la aparición de síntomas psicóticos en algunas personas.

3. LOS ALUCINÓGENOS PUEDEN PROVOCAR *FLASHBACKS*

Un *flashback* es volver a experimentar, de forma imprevista, mucho después de que la droga haya sido eliminada por el organismo, algunos de los aspectos del viaje alucinógeno. Puede consistir en trastornos visuales u otros «recuerdos» de la experiencia con la droga. Los *flashbacks* son mucho más frecuentes entre las personas que han utilizado los alucinógenos de forma intensiva. Pueden persistir durante muchos años, quizá toda la vida. No adoptan la forma de una experiencia alucinógena completa, sino que más bien son simples trastornos visuales, como destellos de luz o imágenes con bordes ondulantes. Creemos que este problema podría reflejar cambios cerebrales permanentes en el procesamiento visual de la información. La denominación médica de este fenómeno es «trastorno de percepción postalucinógeno»; hay grupos de apoyo para las víctimas de esta patología. El problema puede ser leve, pero también cabe que llegue a ser extenuante y que provoque ansiedad o depresión. Lamentablemente, no hay forma de saber quién experimentará este trastorno. Tampoco sabemos si los jóvenes son especialmente susceptibles de padecerlo, pero si se tiene en cuenta que sus cerebros todavía están desarrollándose, es muy posible que exista un riesgo añadido.

Hablar con los jóvenes sobre los alucinógenos

• Enfatice el hecho de que existen muchos tipos distintos de fármacos que pueden provocar alucinaciones. Es posible que alguien se dirija al chico y le diga sencillamente si quiere un «tripi», sin mencionar el nombre de la droga. Por ello es importante que su hijo entienda que los efectos que se pueden experimentar son distintos en función del tipo de droga que le ofrezcan.

• Un colocón puede durar mucho tiempo (en el caso del LSD hasta un día entero) y durante el transcurso de estas horas la capacidad de la persona para adoptar decisiones adecuadas se encuentra seriamente afectada. Es importante no dejar sola a la persona cuando se encuentre en ese estado.

• Todas las drogas alucinógenas afectan gravemente la capacidad de razonar. Este hecho explica las historias que se cuentan sobre personas que después de haber tomado LSD piensan que podrán volar si se tiran por un balcón. Enseñe a sus hijos que sus mentes controlan lo que pueden y lo que no pueden hacer, y que cuando esta capacidad se ve afectada por las drogas es posible realizar cosas peligrosas, que de no haber tomado esas sustancias nunca habrían hecho.

• Un joven debe entender que los alucinógenos físicamente más peligrosos son el PCP, la ketamina y los alcaloides de la belladona, los cuales pueden afectar a funciones orgánicas vitales.

• El consumo de alucinógenos, aunque sea una sola vez, puede provocar experiencias desagradables. Es posible que el joven haya oído historias sobre «malos viajes», pero para algunas personas la experiencia puede tener efectos terribles a largo plazo. Explique a su hijo que cada cerebro es único y que el de algunas personas parece ser más vulnerable a los efectos de los alucinógenos. Para esas personas, los alucinógenos pueden resultar muy peligrosos porque conducen a estados de confusión duraderos, cuyo control puede requerir fármacos potentes.

• Enfatice el hecho de que es imposible predecir quién es vulnerable a una reacción grave. Si sabe que el joven tiene un historial familiar de enfermedades mentales (especialmente cualquier enfermedad mental que esté asociada con la psicosis, como la esquizofrenia, el trastorno bipolar o la depresión con rasgos esquizoides), entonces tendrá un especial riesgo de que el alucinógeno desencadene esa enfermedad, aun cuando en la actualidad se encuentre bien.

• El enfoque debe estar totalmente exento de valoraciones respecto a la enfermedad mental. Un historial personal o familiar de enfermedad mental es una cuestión delicada. Es importante no explicar las cosas al joven de una forma que se pueda sentir inferior o estigmatizado. Dígale que un historial personal no determina quién es él, ni lo que puede llegar a ser, sino que proporciona una oportunidad para adoptar decisiones informadas, incluyendo aquellas relativas al consumo de drogas.

• Enseñe a su hijo que consumir alucinógenos puede implicar un peligro posterior, ya que puede revivir de forma no deseada algunas experiencias alucinógenas. Explíquele que esto puede suceder en cualquier momento ulterior, y que es algo que se escapa a su control. Es posible que usted desee realizar algún tipo de consulta en Internet y leer lo que se ha escrito sobre el tema. Si lo estima oportuno puede compartir esa información con su hijo.

7

Los inhalantes

Los inhalantes son una de las primeras drogas que prueban los jóvenes, posiblemente debido a que resultan muy asequibles. Se encuentran en el garaje y en los cajones de la cocina, y se pueden comprar en cualquier supermercado. Constituyen un grupo variado de sustancias químicas que comprenden desde el gas de un encendedor hasta el óxido nitroso de uso médico. De hecho, la única cosa que todas estas sustancias químicas tienen en común es que se inhalan y que alteran la conciencia. Se trata de un grupo de drogas de muy fácil comprensión, puesto que se divide en dos categorías: las *sustancias químicas industriales*, las cuales no fueron concebidas para el consumo humano, y el *óxido nitroso*.

A todos nos sorprende el fuerte deseo que tienen los jóvenes de alterar su conciencia. Esto lo consiguen inhalando gasolina, disolvente para la pintura, el gas de un encendedor y gran cantidad de sustancias químicas industriales. Una característica común de todos estos productos es que son volátiles y, por lo tanto, pueden ser inhalados de un recipiente o de un trapo humedecido. Otra característica que comparten estas sustancias es que son extremadamente tóxicas para la mayoría de órganos del cuerpo. Las intoxicaciones graves causadas por disolventes se asemejan a las producidas por el alcohol, con falta de coordinación muscular, dolor de cabeza, dolor abdominal, náuseas y vómitos. Algunos consumidores describen cambios en la percepción de los objetos o del tiempo, y falsas ilusiones o alucinaciones, en las que resultan afectados cualquiera de los sentidos. Cuando los niveles de toxicidad aumentan se produce falta de coordinación muscular, zumbidos en los oídos (tinnitus), visión doble, dolor abdominal y enrojecimiento de la piel. Si la persona inhala una cantidad mayor aparecen vómitos, pérdida de reflejos, problemas cardíacos y respiratorios, insuficiencia respiratoria y tal vez la muerte. El empleo durante largo tiempo de inhalantes puede dañar el corazón, los pulmones, los riñones, la sangre y otros órganos, además del sistema nervioso. *La conclusión es la siguiente: estas sustancias químicas no fueron concebidas para el consumo humano, son extremadamente tóxicas y debe hacerse todo lo posible por mantener a los niños apartados de ellas.*

El óxido nitroso es un gas anestésico de uso médico y es un poco más seguro. Más adelante hablaremos sobre él.

Las cosas más importantes que deben saberse acerca de los inhalantes

1. TODAS LAS SUSTANCIAS QUÍMICAS INDUSTRIALES QUE UTILIZAN LOS JÓVENES SON MUY PELIGROSAS

Los jóvenes emplean gasolina, gas de encendedor, disolvente de pintura, líquido corrector para máquinas de escribir, lápices marcadores, acetona, tolueno, pintura pulverizada, laca del pelo y otros productos. Casi cualquier persona puede tener problemas con ellos. Si hay algún ámbito en el que deben hacerse advertencias generales, éste que estamos tratando es precisamente el más indicado. Estos productos, que no han sido concebidos para el consumo humano, pueden dañar el cerebro, el corazón, el hígado y los riñones. Además, es posible que favorezcan una amplia variedad de enfermedades. Algunos de ellos causan daños mecánicos a los tejidos orgánicos, mientras que otros liberan toxinas durante años. Estos productos deben ser tratados como venenos y se deben guardar en un lugar cerrado e inaccesible para los niños.

2. LOS JÓVENES FALLECEN POR DIVERSAS CAUSAS DEBIDO A LOS INHALANTES

Los estudios demuestran que los inhalantes matan porque inhiben la respiración, porque producen reacciones tóxicas en el organismo y porque provocan que los jóvenes tengan accidentes mortales. Algunos consumidores de inhalantes han llegado a suicidarse, aunque no se tiene la seguridad del papel que han desempeñado estas sustancias en dichas muertes. Un problema especialmente trágico es la *muerte súbita por inhalación*. Algunos inhalantes sensibilizan el corazón a los efectos de la adrenalina, de forma que cualquier circunstancia sorpresiva que provoque una descarga de adrenalina hacia el corazón puede ocasionar una arritmia y hacer que deje de latir. Normalmente esto sucede cuando un joven está escondido inhalando alguna sustancia y es descubierto por un adulto que lo asusta.

3. EL ÓXIDO NITROSO ES MUCHO MÁS SEGURO, PERO LOS JÓVENES TAMBIÉN PUEDEN TENER PROBLEMAS CON ÉL

El óxido nitroso es un gas que se emplea como sedante en algunos procesos médicos. También se emplea en tubos de nata para darle cuerpo a la sustancia que contienen. Es menos tóxico que otros inhalantes, pero los jóvenes pueden fallecer a causa de la privación de oxígeno. Algunas personas han utilizado óxido nitroso en el hospital o en el dentista y saben que produce un ligero atontamiento, sedación y alivio del dolor. Se parece bastante a la ingestión de unas cuantas copas de alcohol. No es especialmente tóxico y, aunque hay personas que se vuelven adictas a él, es totalmente seguro si se emplea de forma adecuada. El problema es que a veces los jóvenes hacen un uso inadecuado del mismo. Los inconvenientes aparecen por dos formas de proceder. Una es colocar la boca sobre el recipiente y presionar su válvula de salida de manera que se libere el gas que contiene, lo cual provoca que se congelen los tejidos. La otra es utilizar una mascarilla e inhalar óxido nitroso puro. El problema de respirar esta sustancia en estado puro es que se impide el aporte de oxígeno, lo cual provoca el desmayo, y luego de forma involuntaria se continúa respirando el óxido nitroso.

Hablar con los jóvenes sobre los inhalantes

• Los jóvenes han de saber que estos agentes son muy tóxicos y que no fueron pensados para el consumo humano. Explique a sus hijos la gran cantidad de estudios que se efectúan para evaluar las drogas, y dígales que cuando los inhalantes se han probado con animales, éstos han enfermado gravemente.

• Explique a sus hijos que cualquier sustancia química que les ofrezcan será, casi con toda seguridad, peligrosa, bien debido a su toxicidad, bien por el riesgo de consumirla en exceso y desmayarse. La inhalación es una forma peligrosa de tomar cualquier droga, ya que el agente va directamente al cerebro desde los pulmones, y ni tan siquiera pasa por el hígado, órgano que elimina la toxicidad.

• Explique a sus hijos que el consumo de estas sustancias fácilmente puede causarles la muerte. Estas drogas modifican las funciones cerebrales de forma que les anula la capacidad de razonar, lo cual puede llevarles a cometer locuras, como precipitarse encima de un coche, o hacerles sentir sumamente tristes hasta el extremo de querer quitarse la vida.

• Recomendamos encarecidamente que hable con sus hijos de la muerte súbita, pues ello puede disuadirles de utilizar estas sustancias.

• Es importante que enseñe a los jóvenes que nunca deben utilizar una mascarilla con el fin de inhalar una droga. Explique que estos aparatos están diseñados para impedir el paso del aire y para aplicar el gas inhalante a través de algún tipo de máscara que cubre la nariz y la boca. Debe decirles que estos instrumentos no dejan pasar el oxígeno a las vías respiratorias. Explíqueles que independientemente de lo que vean en la televisión, en cualquier proceso médico se ha de mezclar oxígeno con el gas, para que la persona pueda respirar y continuar viviendo.

8

La marihuana

En los últimos años el uso de la marihuana por parte de los jóvenes ha ido en descenso. Un estudio de la Universidad de Michigan, «Monitoring the Future», indica que el número de adolescentes que prueban la marihuana es menor. El número de jóvenes de 8°, 9° y 10° curso que dicen haber consumido esta droga por lo menos una vez ha disminuido progresivamente entre los años 1997 y 2000. También ha descendido el número de consumidores habituales de esta sustancia. Aunque estos datos son alentadores, las cifras totales muestran que son todavía muchos los jóvenes que consumen o intentan consumir marihuana. Las estadísticas indican que en una clase de enseñanza media de treinta estudiantes aproximadamente seis consumen marihuana de manera habitual.

El uso de esta droga tiene una larga e interesante historia. El inicio de su consumo se remonta por lo menos al antiguo Egipto. A mediados del siglo XIX, el uso de hachís (un producto concentrado derivado de la planta de la marihuana) era popular entre los artistas y en los círculos literarios de Europa. En Estados Unidos, durante los primeros años del siglo XX, la marihuana no era una droga recreativa demasiado popular. No fue hasta la década de los años cincuenta y sesenta cuando se convirtió en la droga preferida de toda una generación de jóvenes, algunos de los cuales buscaban un estado mental con el que alcanzar el popular ideal de la «expansión mental». Probablemente, también había quienes buscaban una droga recreativa distinta de la que había consumido la generación de sus padres (esto es, el alcohol).

Como droga recreativa, la marihuana presenta unas características complejas. Por una parte, esta sustancia parece segura dado que sus niveles de toxicidad son relativamente bajos y que la probabilidad de sufrir una sobredosis es también baja. Contrariamente a lo que sucede con otras drogas que afectan al cerebro, incluyendo el alcohol, no se tiene noticia de que una dosis de marihuana pueda matar directamente a una persona. Asimismo, estudios actuales, no exentos de polémica, indican que no existen pruebas científicas concluyentes de que la marihuana provoque daños cerebrales o trastornos mentales permanentes. Por otra parte, la marihuana tiene poderosos efectos nocivos sobre el aprendizaje y la memoria, modifica la forma en que los circuitos cerebrales procesan la información, permanece en el cuerpo durante largo tiempo y puede dañar los pulmones.

Por lo tanto, la marihuana presenta una serie de aspectos conflictivos, tanto desde el punto de vista social como científico. Los aspectos que se comentan a continuación son los que consideramos más importantes para que los jóvenes los tengan en cuenta cuando se les presente la ocasión de consumir marihuana.

Las cosas más importantes que deben saberse acerca de la marihuana

1. LA MARIHUANA SE PUEDE CONSEGUIR FÁCILMENTE

Casi todos los adolescentes señalan que pueden conseguir marihuana en el colegio o a través de amigos o conocidos. Un estudiante nos explicó que era mucho más fácil conseguir marihuana que alcohol, dado que nadie le pedía el documento de identidad al comprarla. Los jóvenes deben saber que ineludiblemente estarán en ambientes donde se puede conseguir esta droga. La impresión general entre los adolescentes es que la marihuana es totalmente inofensiva, salvo que las autoridades les cojan con ella. En algún momento casi todos los jóvenes tienen que adoptar una decisión sobre si consumirla o no.

La mayoría de adultos quedarían asombrados si supieran la cantidad de marihuana que se consume en nuestra sociedad. El estudio «Monitoring the Future» señala que aproximadamente el 25 % de los estudiantes de la segunda etapa de la enseñanza secundaria consumieron marihuana durante los treinta días anteriores a la realización del estudio. Aproximadamente el 60 % dice haberla probado en alguna ocasión. Creemos que las crecientes restricciones para conseguir alcohol por parte de los menores de 21 años han contribuido a fomentar el uso de la marihuana y otras drogas, porque se pueden obtener con relativa facilidad. El joven no tiene que entrar en una tienda o tratar con adultos para comprar drogas: en la calle hay personas que se las pueden vender.

Existe la impresión generalizada entre los jóvenes (y entre muchos padres) de que esta droga es inofensiva. Es posible que esta actitud aflore porque se sabe con certeza que la marihuana no puede ser letal; por lo tanto, si no puede matar, no puede ser tan mala. Eso no es cierto, como expondremos más adelante, pero se trata de una idea tan extendida que es preciso sacarla a colación cuando se habla con los jóvenes sobre esta sustancia.

Muchos adultos consumieron marihuana cuando eran adolescentes y creen que no es dañina. Tal vez estén en lo cierto. Sin embargo, es probable que la marihuana que ellos consumieron tuviera menos tetrahidrocannabinol (THC, el principio activo) que el que contiene la que está disponible en la actualidad. En la década de los años sesenta y setenta el auge de la marihuana y las técnicas de marketing no habían evolucionado hasta el punto en que lo han hecho en la actualidad. La posibilidad generalizada de conseguir marihuana de alta calidad es mayor hoy en día.

Por regla general, poco después de fumar la persona se siente somnolienta y relajada. Para algunos se trata de un estado altamente placentero; sin embargo, a otros sencillamente no les gusta demasiado. En parte, esto puede deberse a que, aun cuando la relajación reporta bienestar, la alteración de la función mental puede causar desasosiego, y algunos experimentan una ansiedad manifiesta.

Los efectos subjetivos de la marihuana, quizá más que en el caso de cualquier otra droga, dependen en gran medida del individuo que la consume. Normalmente, cuando se fuma un porro se produce una sensación de relajación, el entorno se vuelve cálido y la persona se siente bien con quienes le acompañan en ese momento. El tiempo parece transcurrir más lento. Se tiene la sensación de que las ideas fluyen con mayor facilidad y que adquieren un nuevo significado. Esto suele provocar que la persona se vuelva elocuente y que interprete las conversaciones como más significativas de lo que realmente son. Esta sensación de placidez puede durar de dos a tres horas y a continuación desaparece lentamente. Durante ese intervalo de tiempo algunas personas también sienten apetito.

La marihuana crea fuertes vínculos sociales. Dado que se trata de una sustancia ilegal, existe un enorme sentimiento de camaradería y conspiración por lo que respecta a la obtención de la droga, a la localización de un lugar para consumirla y, generalmente, para evitar la detención. Los vínculos sociales no terminan con la actividad clandestina. El fluir de las ideas, la disminución de la ansiedad y las conversaciones compartidas pueden dar lugar a un gran sentimiento de empatía entre el grupo de consumidores.

Sin embargo, algunas personas experimentan una faceta negativa. La marihuana casi siempre incrementa el ritmo cardíaco, lo cual puede provocar una sensación de ansiedad y, ocasionalmente, de miedo o pánico. El motivo se debe a la forma en que está programado nuestro cerebro: cuando el corazón late más rápido sin realizar ejercicio se interpreta que existe una amenaza. Algunas personas tienen reacciones más extremas y dicen sentirse «paranoides».

3. LA MARIHUANA AFECTA A LAS FUNCIONES MENTALES
DURANTE BASTANTE MÁS TIEMPO DE LO QUE DURA
LA SENSACIÓN DE LA «SUBIDA»

La sensación subjetiva de la subida suele durar un par de horas desde que se fuma marihuana, pero los efectos de esta sustancia sobre las funciones mentales pueden persistir uno o dos días. El THC cuesta de eliminar y algunos de los elementos de su composición son también activos en el cerebro.

A finales de la década de los setenta, científicos de los National Institutes of Health efectuaron un interesante experimento. A varios voluntarios les inyectaron THC marcado con un compuesto radioactivo. Querían averiguar cuánto tiempo tardaba el organismo en eliminar el THC o sus metabolitos activos. Los resultados fueron sorprendentes: el organismo tarda ocho días en eliminar el 90 % de los agentes activos. En realidad, la mayor parte de la droga se eliminaba durante las primeras horas siguientes a su administración, pero quedaban vestigios en el organismo durante más tiempo de lo que se suponía.

¿Por qué la marihuana permanece tanto tiempo en el cuerpo? Los motivos son dos. En primer lugar, se trata de una sustancia liposoluble (esto es, queda fácilmente almacenada en la grasa después de su consumo), y después de su disolución se va liberando lentamente durante un periodo de varios días. En segundo lugar, cuando el cuerpo metaboliza el THC, los productos metabólicos siguen siendo activos hasta que son eliminados por el organismo a través de la orina y de las heces. Éste es el motivo por el cual los análisis de orina pueden detectar los productos de la marihuana hasta varias semanas después de haberla consumido.

La persistencia del THC y sus productos derivados en el organismo también afecta a las funciones mentales. Un estudio efectuado a pilotos en simuladores de vuelo demostraba que, después de fumar una modesta cantidad de marihuana, su rendimiento quedaba afectado durante por lo menos veinticuatro horas. Otro estudio realizado con consumidores habituales de marihuana demostraba que su memoria y su capacidad para solucionar problemas continuaba alterada tras haberse abstenido de consumir durante más de veinticuatro horas. Éstas son las capacidades mentales que resultan cruciales para el rendimiento académico y deportivo.

4. LA MARIHUANA PUEDE PROVOCAR PROBLEMAS EN EL CEREBRO Y EN EL RESTO DEL ORGANISMO

La consecuencia negativa más importante del consumo de marihuana es que afecta a la capacidad de almacenar nueva información (es decir, de aprender). Este trastorno del aprendizaje se prolonga más tiempo de lo que duran los efectos euforizantes de la droga, pero a menudo la persona no es consciente de esta circunstancia. La marihuana también afecta a la capacidad del cerebro para regular el movimiento físico, e interfiere, así, en las áreas que mejoran los movimientos. Algunos consumidores habituales desarrollan una dependencia de esta droga y experimentan ansiedad y trastornos del sueño cuando dejan de tomarla. El corazón y los pulmones pueden sufrir daños a causa de la inhalación continuada de humo.

Aunque el THC incide en muchas partes del cerebro, una de las que resulta más profundamente afectada es una región interna denominada hipocampo. Esta estructura está interrelacionada con la mayor parte del resto del cerebro y está específicamente diseñada para ayudar a almacenar nueva información. Cuando se interfiere en el funcionamiento del hipocampo, la capacidad de aprendizaje disminuye. Los neurobiólogos han observado que el THC tiene potentes efectos sobre la capacidad del cerebro para almacenar información. Una posibilidad es que esto sea debido a que el THC inhibe la liberación de la misma sustancia química que es deficitaria en la enfermedad de Alzheimer (la acetilcolina). Otra posibilidad es que se deba a que el THC modifica la forma en que las células que hay en el interior del hipocampo se comunican entre sí. Aunque los científicos continúan estudiando cómo actúa el THC, es incuestionable que esta sustancia, consumida a dosis normales, afecta al aprendizaje.

El THC también interfiere en la capacidad del cerebro para regular el movimiento físico. Este hecho es importante por muchas razones. Todo el mundo sabe que si se fuma marihuana no se debe conducir un vehículo. Lo que no a todo el mundo le consta es que esta droga afecta a todo tipo movimientos de control fino y coordinación (como los necesarios para tocar un instrumento musical o para la práctica deportiva). Por lo tanto, un fumador habitual de marihuana no sólo ve afectado su rendimiento académico o su capacidad para conducir vehículos.

Muchos jóvenes explican que la marihuana reduce su estado de ansiedad y todos los indicios apuntan a que esto es cierto. Por lo tanto, ¿qué hay de malo en ello? ¿No es cierto que cualquier persona desea que disminuya su grado de ansiedad? La respuesta es: no necesariamente. Cuando no se experimenta la sensación de ansiedad, es posible que no se haga todo lo que se tiene que hacer para desarrollar una actividad vital efectiva. Las investigaciones demuestran que los jóvenes que fuman marihuana de forma habitual tienen muchos problemas en los estudios y en otras áreas importantes de su vida. Se suele describir a los consumidores como personas «no motivadas». No se sabe si en el cerebro existe un centro «motivacional», pero lo que sí se sabe es que la experimentación de una ligera ansiedad forma parte del proceso de motivación.

Los efectos reductores de la ansiedad del THC, al igual que los efectos de esta sustancia en el aprendizaje, pueden durar más tiempo que la sensación subjetiva de subida de la droga. Por lo tanto, cabe que los jóvenes experimenten tanto una disminución de la ansiedad como una disminución de la motivación una vez que ya hayan transcurrido el par de horas en las que sienten los efectos de subida de la sustancia. Es posible que ni siquiera se den cuenta de que han cambiado estos aspectos del funcionamiento del cerebro.

Si los jóvenes se hacen consumidores habituales (a diario o casi a diario), surgen nuevos problemas. Dada esta pauta de conducta, en alguna medida su aprendizaje se ve constantemente entorpecido, al igual que sus sentimientos normales de motivación. Pero existe otro problema. Bajo la constante presencia de THC, el cerebro se adapta a la droga y desarrolla una tolerancia a la misma. En el cerebro hay unas sustancias químicas naturales que actúan como el THC y, dado que el cerebro se hace menos sensible a estas sustancias naturales, puede producirse una disminución de la sensación de bienestar. Cuando un consumidor, de forma repentina, deja de recibir THC, se puede sentir ansioso o inquieto, lo cual suele inducir a continuar con el consumo de marihuana.

¿Es adictiva la marihuana? Como acabamos de poner de manifiesto, algunas personas, al dejar de consumir marihuana durante un tiempo, pueden experimentar un síndrome de abstinencia con

síntomas importantes. Sin embargo, tal y como hemos visto en el capítulo 2 («Conocimientos básicos sobre las drogas»), el síndrome de abstinencia constituye sólo una parte del proceso adictivo. También es un importante componente de la adicción el ansia duradera de consumir la droga. Sobre este aspecto, con relación a la marihuana, no se tienen conocimientos suficientes. Muchas personas han tomado marihuana como droga recreativa y han podido dejarla sin ningún problema. En cambio, algunas personas quedan absorbidas por el consumo y tienen muchas dificultades para dejarlo.

¿Los adolescentes son más susceptibles de sufrir adicción a la marihuana? Existen suficientes pruebas de que la exposición a algunas sustancias adictivas durante la adolescencia aumenta la probabilidad de adicción a estas drogas. Desconocemos si ello se debe a que el cerebro del adolescente es distinto o si se debe a que la situación social durante la adolescencia es única. Pero, en cualquier caso, cuanto antes empieza un joven a consumir la droga mayores son las probabilidades de que tenga problemas en el futuro. La cuestión de si una persona es verdaderamente «adicta» a la marihuana o, por el contrario, si tiene simplemente serias dificultades para dejar esta droga no tiene trascendencia si la persona continúa consumiendo la droga pese a sus consecuencias negativas.

Por lo que respecta al resto del organismo, el daño que causa la marihuana es similar al de fumar cigarrillos. Probablemente, el humo de la marihuana contiene más sustancias tóxicas que el del tabaco; sin embargo, los fumadores de hierba no inhalan tanto humo ni fuman tantos cigarrillos como el consumidor habitual de tabaco. Nos consta que los fumadores de marihuana son más propensos que las personas que no fuman a sufrir infecciones respiratorias e insuficiencia pulmonar. Si bien no está claro que fumar sólo marihuana aumente el riesgo de padecer cáncer de pulmón, existen algunas pruebas de que el humo de la marihuana produce modificaciones en las células pulmonares que pueden conducir al cáncer. Asimismo, fumar marihuana produce estrés cardíaco debido a la estimulación y al monóxido de carbono que contiene el humo.

¿La marihuana afecta a las hormonas y a la función reproductora? Aquí los datos que se poseen son menos concluyentes. Hay informes que indican que la marihuana disminuye la libido y la cantidad de espermatozoides, pero los datos no son del todo claros.

Recuerde que el adolescente que tiene dependencia de la marihuana puede tener también problemas físicos o mentales subyacentes que requieren un tratamiento profesional. Uno de nosotros mantenía correspondencia con la madre de un estudiante con fracaso escolar que fumaba marihuana. El chico parecía atrapado por el consumo de esta droga y por los problemas académicos. Después de un completo reconocimiento físico se descubrió que el joven padecía una enfermedad de la tiroides. Él estaba intentando tratar los síntomas mentales de su problema fumando hierba. Cuando una persona está gravemente enganchada al consumo de una droga es fundamental que se le efectúe un reconocimiento completo por parte de profesionales médicos.

Hablar con los jóvenes sobre la marihuana

• Admita que la marihuana esta ahí y que mucha gente la consume, tanto adultos como jóvenes. Esto es fundamental para mejorar su credibilidad. Si usted guarda silencio con respecto a esta cuestión o si adopta la postura de decir que sólo las «malas» personas fuman marihuana, los jóvenes tendrán el convencimiento de que usted está equivocado. Casi con toda seguridad su hijo conocerá a alguien que fuma marihuana y que no parece tener problemas. Los jóvenes siempre formulan esta pregunta: «¿Cómo es posible que Johnny fume marihuana y obtenga tan buenas calificaciones si esta droga es tan mala?». Ésta es la cuestión más importante que tendrá que afrontar.

• Explique a su hijo que probablemente nadie dispone de toda la información relativa a Johnny. No se sabe cuánta marihuana fuma realmente (algunos jóvenes pueden mentir), ni lo potente que es la marihuana que consume, ni la cantidad de humo que de verdad inhala, ni los problemas que puede tener fuera del ámbito académico. Pero, ante todo, nadie sabe lo que podría conseguir Johnny si no consumiera esta droga. En ocasiones las calificaciones académicas son fáciles de conseguir y la persona no se da cuenta de que su capacidad está mermada hasta que aumenta el grado de competitividad o hasta que las exigencias son mayores. En este capítulo hemos visto que la marihuana puede hacer disminuir la función cognitiva de la persona, aunque no sea manifiesto.

• Es un hecho insoslayable que a muchos jóvenes les gusta esta droga. Usted no puede explicar a su hijo historias de miedo sobre algunas personas que han sido víctimas del pánico y que han tenido que acudir al servicio de urgencias, o de otras personas que han sufrido ataques de ansiedad y han jurado no volver a fumar jamás. Esto no sucede a menudo, y la mayoría de los jóvenes no admitirían que les podría suceder a ellos. Un joven tiene la seguridad de que alguien le pondrá de manifiesto lo bien que hace sentirse la marihuana. Su labor es entender esta circunstancia y admitirla para, a continuación, explicar que los efectos positivos quedan contrarrestados por las posibles consecuencias nocivas.

• No tema hablar sobre la ciencia. Explique que el organismo reacciona frente a diversas drogas de distinta manera, y que con la marihuana su acción es muy lenta en comparación con lo que sucede con casi todas las restantes sustancias. Explique que los componentes químicos de la marihuana afectan al cerebro durante todo el tiempo que permanecen en el organismo (tal vez semanas).

• Explique que los adolescentes están en un periodo de la vida en el cual necesitan que el cerebro trabaje con la máxima eficacia. Aunque sus hijos puedan pensar que los efectos del porro que se fumaron el sábado por la noche han desaparecido el lunes cuando reemprenden la actividad escolar, esto es falso. Aun cuando un joven no se preocupe por sus estudios, sigue necesitando que su cerebro trabaje al máximo rendimiento para obtener buenos resultados en música, en deporte o incluso en las relaciones con sus amigos. La marihuana afecta aquellas funciones mentales que son fundamentales para todas estas actividades.

• Trate de convencer a los adolescentes de las consecuencias a largo plazo que puede tener su comportamiento. Si sus hijos están interesados en los estudios y se sienten motivados y con deseos de triunfar, entonces es importante que entiendan los efectos tan negativos que puede tener la marihuana en su aprendizaje. Recuérdeles que la enseñanza secundaria y los años de universidad son momentos destinados a almacenar gran cantidad de información sobre la base del esfuerzo diario. Esto es mucho más sencillo de llevar a cabo cuando la química del cerebro no sufre ninguna alteración.

• Recuérdeles que si fuman los fines de semana y luego en alguna ocasión entre semana, no habrá ningún momento en el cual su capacidad de aprendizaje y su motivación no sufran la incidencia de la droga.

• Si un joven no está interesado en los estudios, intente descubrir alguna actividad que sea importante para él y cuyo desarrollo exija recurrir al aprendizaje o a la habilidad de movimientos. ¿Es músico, deportista o le gusta ir en monopatín? ¿Le gusta jugar con videojuegos complejos? El desarrollo de cualquiera de estas actividades quedará notablemente afectado por la marihuana, y tal vez él no desee que esto suceda.

• Si su hijo parece haber perdido toda motivación e interés por las actividades que tiempo atrás le habían gustado, le puede explicar que es muy posible que la marihuana sea la causante de esta actitud. Debe recordar que es posible que esté recibiendo el soporte del grupo de consumidores, y que éste le sirva como sustitutivo de sus anteriores actividades. Se trata de un problema complejo, que tal vez se tenga que tratar recurriendo al consejo de un profesional cualificado y a la supervisión médica. Pero hay ciertas cosas que usted puede intentar. En primer lugar, lo que su hijo principalmente necesita es dejar de consumir marihuana. Explíquele que es posible que experimente síntomas a causa del síndrome de abstinencia, como ansiedad, irritabilidad y trastornos del sueño; dígale que un médico puede prescribirle fármacos para ayudarle a superar este periodo. Tal vez sea éste el momento para recordarle alguna antigua actividad o para recomendarle que empiece a desarrollar alguna que le resulte grata.

9

La nicotina

Existe una lista incuestionable de todas las consecuencias negativas que tiene el tabaco para la salud. Ésta es un área en la que los esfuerzos pedagógicos han dado sus frutos en los últimos años. Sin embargo, a pesar de los esfuerzos de las organizaciones, tanto públicas como privadas, que advierten de los efectos del tabaco, un sorprendente número de niños y adolescentes continúan fumando.

La nicotina es una droga legal altamente adictiva que está disponible en diversas presentaciones, que incluyen cigarrillos, puros, tabaco de mascar, rapé, chicles y parches de nicotina. Algunas de estas presentaciones tienen fines terapéuticos: los chicles y los parches de nicotina ayudan a reducir el ansia por esta sustancia en las personas adictas y les facilitan así el abandono del tabaco. La nicotina mejora determinadas funciones mentales, como la atención y la concentración, y está siendo estudiada como posible tratamiento para algunos problemas cognitivos. El uso médico de la nicotina no es nuevo. De hecho, antes del siglo XX, ya se usaba con fines terapéuticos, principalmente debido a que tiene unos efectos poderosos y evidentes sobre el organismo.

Cuando la nicotina se administra a través de chicles o parches con la adecuada supervisión médica, es relativamente segura, puesto que ninguna de las sustancias químicas que contiene el tabaco está presente. Lamentablemente, el consumo de nicotina por parte de los niños y los adolescentes no es a través de chicles o parches, sino de productos que son altamente adictivos y tóxicos.

Se trata de un círculo vicioso; el humo del tabaco daña los pulmones y el tabaco en forma oral (hojas de tabaco o rapé) daña las paredes que revisten la boca: ambas formas de administración son adictivas y conducen al consumo.

Durante los últimos veinte años se ha producido un cambio espectacular de actitud respecto al tabaco: se han conocido y aceptado estudios científicos que demuestran los daños que provoca fumar. Así pues, ¿por qué todavía tantos jóvenes empiezan a consumir tabaco? Las razones son muy variadas: la publicidad, los amigos que fuman, la mejora de la concentración que propicia la nicotina o tal vez incluso la creencia de que «todo el mundo sabe que fumar es malo». ¿Hemos bajado la guardia respecto al uso del tabaco por parte de los jóvenes? ¿Hemos dado por sentado que hoy en día «los niños saben lo que tienen que hacer»? ¿Damos por supuesto que «en el colegio se lo enseñarán»? Si bien algunas de estas suposiciones respecto al hecho de fumar pueden ser ciertas, ningún programa educativo ni ninguna campaña publicitaria antitabaco pueden culminar con éxito si no se realiza un seguimiento individualizado. Por otra parte, muchos jóvenes no reciben ningún tipo de educación acerca del uso del tabaco por vía oral (el llamado «tabaco sin humo»).

Las cosas más importantes que deben saberse acerca de la nicotina

1. LA NICOTINA ES UNA SUSTANCIA ALTAMENTE ADICTIVA

Que la nicotina es altamente adictiva es algo obvio cuando se observa la cantidad de personas que la consumen, pero lo que muy pocos saben es lo realmente adictiva que llega a ser. Cuando se introduce en el cerebro, la nicotina activa las mismas regiones del sistema de recompensa que otras drogas adictivas como la heroína, la cocaína y el alcohol. Pero esto sólo es el principio. La forma en que la nicotina llega al cerebro de los fumadores es idónea para generar adicción. Cada vez que se inhala humo de tabaco, la sangre que circula por los pulmones recoge la nicotina y la transporta directamente al cerebro; se trata de una vía rápida y potente. Este tipo de activación rápida del sistema de recompensa es característico de las drogas adictivas. Después de fumar, los niveles de nicotina en el cerebro descienden rápidamente; por lo tanto, no pasa mucho tiempo antes de que surja la necesidad de volver a fumar, con lo cual el ciclo comienza de nuevo.

Otro factor que contribuye a la adicción a la nicotina es el desarrollo de hábitos conductuales que se asocian a la entrada de nicotina en el cerebro. El fumador queda vinculado al hecho de abrir el paquete y sostener el cigarrillo, y a la sensación de encenderlo y dar la primera calada. Si la persona masca o esnifa tabaco, los efectos de la nicotina se asocian al hecho de abrir la bolsa o petaca, mascar el tabaco y escupirlo, así como a la sensación física de tener el tabaco en la boca. Estas asociaciones conductuales forman parte de la adicción a la nicotina y favorecen el comportamiento adictivo de igual manera como lo hacen los efectos directos de la nicotina sobre el cerebro.

2. ES POSIBLE QUE LA NICOTINA SEA REALMENTE ÚTIL EN EL TRATAMIENTO DEL TRASTORNO POR DÉFICIT DE ATENCIÓN CON HIPERACTIVIDAD (TDAH)

La nicotina aumenta la capacidad de concentrarse o prestar atención en determinadas circunstancias. Si un niño tiene dificultades de atención o concentración, es posible que encuentre que la nicotina le facilita las cosas. Naturalmente, el problema es que la mayoría de jóvenes que consumen nicotina lo hacen en forma de cigarrillos, y como «sistema de administración de droga» este método presenta el inconveniente de ser altamente tóxico para los pulmones y el corazón, y además propicia la adicción. Si usted sabe que un joven tiene problemas de atención o concentración y sospecha que tal vez esté fumando para compensar estos problemas, le recomendamos que lo haga examinar para averiguar si padece un trastorno por déficit de atención con hiperactividad. Si es así, se le podría prescribir una medicación mucho más efectiva y menos peligrosa que la nicotina.

3. EL HECHO DE FUMAR Y LA DEPRESIÓN SUELEN PRESENTARSE DE FORMA SIMULTÁNEA ENTRE LOS ADOLESCENTES

Hasta hace poco tiempo se solía pensar que el hecho de fumar era consecuencia de una depresión. Sin embargo, un estudio reciente indica que es posible que el proceso ocurra a la inversa, es decir, fumar puede contribuir a que los adolescentes padezcan una depresión.

La depresión es un problema clínico grave entre los adolescentes y, a menudo, pasa desapercibida y no recibe tratamiento. De hecho, algunas investigaciones señalan que entre el 15 y el 20 % de los adolescentes pueden sufrir una depresión en algún momento durante esta fase del crecimiento (y estas cifras han ido en aumento). Aunque durante mucho tiempo se sospechó que existía una relación entre el hecho de fumar y la depresión, se pensaba que el hábito de fumar surgía *después* de que se hubiera iniciado la depresión, quizá como un modo de automedicación. Sin embargo, un estudio reciente, que ha tomado como muestra a 15.000 adolescentes, apunta la posibilidad de que el proceso sea el inverso: el hábito de fumar puede conducir a que los adolescentes padezcan depresión.

Esto significa que los adolescentes que fuman tienen un riesgo importante de desarrollar una depresión. Lógicamente, es muy importante observar los posibles efectos de la nicotina en el estado de ánimo de la gente joven. Los síntomas de la depresión pueden ser: tristeza constante, cambios en los hábitos alimentarios o de sueño y abandono de las relaciones sociales. Con frecuencia el diagnóstico es difícil, pero si le preocupa una posible depresión de su hijo, cualquier pediatra le podrá recomendar un profesional que efectúe una valoración formal. En la consulta, si su hijo fuma, asegúrese de explicárselo al médico.

4. MASCAR O ESNIFAR TABACO *NO* ES UNA ALTERNATIVA SEGURA AL HÁBITO DE FUMAR NI MEJORA EL RENDIMIENTO DEPORTIVO

Muchas personas creen que aunque fumar es malo, el empleo de «tabaco sin humo» no entraña peligro. Asimismo, bastantes deportistas consumen tabaco sin humo porque piensan que ello les hace mejorar físicamente en la competición y en los entrenamientos. Ambas creencias son falsas y, sin embargo, los jóvenes continúan iniciándose en el consumo de estos productos derivados del tabaco.

La persona alcanza aproximadamente el mismo *pico* en el nivel de nicotina en sangre con el tabaco sin humo que fumando un cigarrillo, pero dado que el tabaco administrado de forma oral dura más tiempo, libera más nicotina, y sus efectos son más duraderos porque la absorción es más lenta. Por lo tanto, la adicción sigue constituyendo un problema, aunque la gente piense que los productos de tabaco sin humo no son adictivos.

El empleo prolongado de tabaco sin humo puede ser mortal, dado que aumenta de forma significativa el riesgo de contraer cáncer oral. Además del cáncer, los consumidores crónicos de tabaco sin humo son susceptibles de sufrir otras enfermedades. Por ejemplo, tienen una probabilidad de padecer caries dentales 2,5 veces superior a las personas que no consumen tabaco. Ello se debe en parte a que tanto las hojas como otros preparados a base de tabaco contienen entre un 20 y un 30 % de azúcar. La retracción de las encías es también frecuente con el consumo crónico y a menudo origina enfermedades periodontales, que pueden ocasionar la pérdida de piezas dentales o de hueso. En un estudio, se descubrió que los estudiantes de enseñanza secundaria que consumían tabaco sin humo durante una media de tres horas diarias padecían un incremento de estas enfermedades. Otro estudio puso de manifiesto la aparición de afecciones en las paredes finas internas de las mejillas y la boca en el 49 % de los consumidores de enseñanza secundaria. Una lesión particularmente grave que se origina en la boca de las personas que consumen tabaco sin humo se denomina *leucoplasia*. Esta lesión se identifica por la aparición de una mancha o placa blanca y puede ser precancerosa.

Así pues, ¿por qué la gente continúa consumiendo estos productos? En parte debido a que realmente experimentan algunos efectos en el estado de alerta y en la función mental. Cuando se consume tabaco sin humo se obtiene una ligera mejora de la capacidad para centrar la atención en determinados tipos de tareas mentales. Algunos estudios han demostrado que los resultados obtenidos en las pruebas de concentración y cálculo mental aritmético son algo superiores en las personas que consumen estos productos. Sin embargo, estas mejoras, incluso cuando se producen, son muy pequeñas y ciertamente no compensan el riesgo que conlleva la adicción y los restantes efectos nocivos para la salud de esta sustancia.

Muchas personas empiezan a consumir tabaco sin humo porque son deportistas y alguien les ha dicho que con ello mejorarán su tiempo de reacción, su fortaleza física o su capacidad de seguimiento visual. El tabaco no tiene ninguno de estos efectos. Estudios bien controlados, realizados con deportistas, han demostrado que no se produce efecto positivo alguno en ninguna de estas capacidades relativas al desarrollo de la práctica deportiva. En cambio, sí que se dan algunos efectos negativos que los jóvenes deportistas deben conocer. Se ha demostrado que el tabaco sin humo hace *disminuir* la velocidad y la fuerza de los movimientos de las piernas en las pruebas de tiempo de reacción. También tiene efectos negativos en el corazón durante el ejercicio (aumenta el ritmo cardíaco y disminuye el aporte de sangre desde el corazón durante el ejercicio físicamente exigente). Y cuando se realiza ejercicio moderado, el tabaco sin humo parece ser que incrementa el nivel de lactato en sangre, lo cual aumenta la fatiga muscular y va en detrimento de la resistencia.

Hablar con los jóvenes sobre la nicotina

• En primer lugar, haga saber a sus hijos que aunque el consumo de una sustancia por parte de los adultos sea legal, ello no significa que sea segura. Puede comparar la nicotina con el alcohol y subrayar que si bien se trata de una sustancia legal para los adultos, muchos se hacen adictos a él (al igual que sucede con la nicotina). Las leyes son buenas y sirven para que la gente sepa lo que está bien y lo que está mal, pero no siempre son coherentes, y legalidad no implica necesariamente seguridad.

• Explique que la nicotina está presente en todos los productos derivados del tabaco (no sólo en los cigarrillos) y que esta sustancia puede modificar el cerebro de forma tal que puede ser muy difícil dejar de consumirla.

• Subraye que, contrariamente a lo que sucede con otras sustancias adictivas, la nicotina no produce ninguna sensación de estar «colocado», lo que significa que la adicción puede ir aumentando de forma sigilosa. Se suele pensar que una droga es adictiva sólo cuando produce un cambio acentuado en las sensaciones de la persona. Pero la nicotina es excepcional en este sentido: es altamente adictiva sin provocar que quien la consume experimente sensaciones muy distintas.

• Hable sobre el hecho de que la adicción a la nicotina conlleva el desarrollo de hábitos complejos (el cerebro cambia para crear una necesidad física de la droga, pero los hábitos conductuales asociados a su uso también son componentes poderosos de la adicción). Hable sobre lo difícil que resulta deshacerse de esos hábitos. Si el niño practica algún deporte, puede intentar identificar algún vicio que esté intentando superar para mejorar en su práctica deportiva (no tirar hacia atrás el codo antes de batear la pelota, no dar pasos vacilantes antes de chutar la pelota cuando se juega al fútbol o intentar directamente el dribling). Destaque el hecho de que una vez que esos malos hábitos han arraigado es muy difícil cambiarlos. Los pequeños ritos que se ponen en práctica cuando se fuma, se masca o se ingiere tabaco son igualmente difíciles de vencer y, junto a los cambios cerebrales que se producen, favorecen que las personas permanezcan enganchadas a la nicotina durante el resto de su vida.

• Recuerde a los adolescentes que su cerebro actúa mediante la emisión de señales químicas, las cuales regulan tanto el pensamiento como los sentimientos. Explique que, en ocasiones, estas señales químicas sufren alteraciones y entonces los sentimientos caen en un estado permanente de infelicidad, que puede ser el reflejo de un problema médico denominado depresión. Haga saber a sus hijos que la nicotina es una droga potente que afecta a la química del cerebro y que, según parece, uno de estos efectos en los adolescentes es facilitar que la química cerebral cree un estado de depresión.

• En general, cuando se tenga que tratar con adolescentes que padezcan una posible depresión, es importante recordar que tal vez no deseen poner de manifiesto sus sentimientos. Sencillamente, puede ocurrir que estén demasiado deprimidos o asustados para sincerarse con facilidad. En estas circunstancias usted puede asegurar a su hijo que permanecerá a su lado por si requiere su ayuda. Es necesario que el paciente se someta a un examen médico completo y que reciba el oportuno tratamiento, que indudablemente debe incluir un programa para dejar de fumar, si existe el hábito. Pero recuerde que para tratar a una persona que está atravesando un episodio depresivo se requiere una ayuda constante y una implicación personal.

• Deje claro que existe mucha desinformación acerca del tabaco sin humo. Es posible que los jóvenes hayan oído que «es seguro debido a que no resulta tan nocivo como el tabaco», pero esto es absolutamente falso. Destaque que uno de los motivos por el que los pulmones pueden resultar tan fácilmente dañados por el humo es que las paredes pulmonares son muy sensibles. Los pulmones nos indican que el humo es malo provocándonos tos. Las paredes que revisten la boca también son muy sensibles, y cuando el tabaco se sitúa sobre ellas se recibe una señal de advertencia: un fuerte hormigueo y una ligera sensación de quemazón.

• Si el joven con quien habla practica deporte, hágale saber que, pese a lo que haya oído, el tabaco no mejorará su rendimiento deportivo. El tabaco sin humo libera gran cantidad de nicotina en el torrente sanguíneo, lo que hace que el corazón lata más deprisa y sea menos eficaz durante el ejercicio. Además, la nicotina favorece que el cansancio muscular se produzca antes de lo que se produciría en condiciones normales, lo cual incide en la resistencia deportiva.

10

Los opiáceos y los sedantes

Son muchas las drogas que se incluyen dentro de las categorías de los opiáceos y los sedantes, pero hemos colocado ambos tipos en el mismo capítulo debido a que los peligros que se derivan de su uso son bastante similares: inhiben de forma poderosa la actividad cerebral y pueden causar la muerte a causa de una sola sobredosis. Los *opiáceos* (como la morfina, que tiene aplicaciones médicas para controlar el dolor; o la heroína, de la cual se abusa debido a los efectos de euforia que provoca) actúan activando algunos tipos muy específicos de receptores cerebrales. Estos receptores tienen un cometido importante que cumplir: controlar nuestra percepción del dolor, de forma que permiten nuestra supervivencia en circunstancias traumáticas. Cuando es necesario, el cerebro produce sus propios opiáceos para activar estos receptores. Pero el cerebro sabe con exactitud la cantidad de opiáceos naturales que precisa y el momento en que tiene que recurrir a ellos; además, los utiliza con mucha moderación. Las personas que consumen opiáceos con fines recreativos suelen administrarse dosis superiores a las que liberaría el cerebro incluso bajo las circunstancias más extremas. Esto puede provocar una «descarga» extremadamente placentera de bienestar y relajación, que muchos comparan con un orgasmo. En parte, éste es el motivo por el cual es tan fácil volverse adicto a estas drogas. El problema es que si se administra una dosis excesiva, los centros cerebrales que nos hacen respirar pueden paralizarse, lo cual provoca la muerte.

Los *sedantes* incluyen los barbitúricos, como el fenobarbital y el pentobarbital, el hidrato de cloral, las benzodiazepinas (Valium y muchos otros) y la metacualona. Estas sustancias no actúan estimulando los receptores opiáceos y no son tan adictivas como algunos opiáceos, pero afectan a las regiones cerebrales que controlan funciones vitales, como la actitud de alerta, el aprendizaje, la coordinación motriz y la respiración. La persona que toma una de estas sustancias experimenta un enlentecimiento físico y una alteración de la capacidad cognitiva. A dosis altas la persona puede quedar semiinconsciente. *Al igual que los opiáceos, el peligro más grave es una sobredosis aguda, que puede ser letal.* Pero los sedantes también afectan gravemente al movimiento y a la coordinación, de forma que la persona que los ha tomado es mucho más propensa a sufrir accidentes graves.

Las cosas más importantes que deben saberse acerca de los opiáceos y los sedantes

1. LOS OPIÁCEOS SON DROGAS ALTAMENTE ADICTIVAS

Dado que las dosis recreativas de opiáceos estimulan los receptores opiáceos naturales del cerebro de una forma tan potente y debido a la sensación tan agradable que experimenta la persona que los consume, el proceso de adicción se produce muy rápidamente. La adicción es un proceso complejo que implica cambios tanto en el cerebro como en el comportamiento del individuo. Los opiáceos afectan a ambos factores. El sistema de los receptores cerebrales que estimulan puede cambiar con rapidez para adaptarse a la presencia de la droga, de forma que cuando la persona no la ha recibido, siente la imperiosa necesidad de hacerlo. Además, la descarga inicial de sensaciones asociada a la droga es tan placentera que provoca un ansia desmedida en algunas personas, hasta el extremo de que harían casi cualquier cosa por volver a experimentar esa subida.

2. La adicción a los opiáceos constituye un grave problema médico

Se trata de una afirmación muy sencilla, pero en ocasiones no se comprende lo suficiente. Es posible deshabituarse de los opiáceos, pero es fundamental que el esfuerzo se realice bajo supervisión médica y psicológica. El cerebro tiene que recuperarse y readaptarse a la situación de ausencia de la droga. La persona también tiene que adaptarse a cambios significativos en su estilo de vida. Existen fármacos que facilitan este proceso y que, combinados con atención psicológica y apoyo social, pueden propiciar el restablecimiento del paciente.

3. Una sola dosis elevada de opiáceos puede ser suficiente para causar la muerte, y es imposible saber la fuerza y la pureza que tienen las drogas que se venden en la calle

Éste es el aspecto más peligroso del consumo de opiáceos. Se producen muchos casos dramáticos de personas que compran la droga en la calle y que posteriormente fallecen al administrarse lo que pensaban que era la dosis habitual y segura.

4. ALGUNOS SEDANTES NO OPIÁCEOS PUEDEN SER LETALES
SI SE ADMINISTRA UNA DOSIS ELEVADA, MIENTRAS QUE
OTROS SON MÁS SEGUROS. TODOS LOS SEDANTES SON
ESPECIALMENTE PELIGROSOS CUANDO SE COMBINAN CON
OPIÁCEOS O CON OTRAS DROGAS

Los sedantes son sustancias que algunos consumidores denominan «calmantes». Entre ellas están las benzodiazepinas (Valium, Lexotanil, Trankimazin, Dormicum, Rohypnol, etc.) y los barbitúricos, como el pentobarbital y el fenobarbital. Son sustancias distintas de los opiáceos y producen efectos en cierta medida similares a los del alcohol. Esto tiene su lógica si se tiene en cuenta que actúan sobre el mismo sistema GABA del que hemos hablado en el capítulo dedicado al alcohol (capítulo 4). Las drogas sedantes producen efectos muy distintos según si la dosis es baja o alta. A dosis bajas provocan una sensación de relajación y una disminución de la ansiedad, así como un estado general de «sosiego». (Es una sensación distinta a la de la subida de los opiáceos, pues los sedantes no producen la extrema descarga de placer característica de aquéllos.) A dosis más elevadas la persona empieza a sentirse aturdida y mareada. Es posible que tenga una sensación de somnolencia y falta de coordinación al tiempo que experimenta dificultades para hablar. Estos síntomas no difieren mucho de los característicos del alcohol. De hecho, a veces surge el problema de que se toman sedantes junto con alcohol u otros sedantes con el fin de realzar sus efectos. Esto es realmente peligroso, puesto que los efectos combinados de estas sustancias inciden sobre la respiración y el movimiento, y rápidamente sitúan a la persona en una situación próxima a la sobredosis. Las muertes por sobredosis debidas sólo a sedantes son bastante raras, pero las probabilidades aumentan mucho cuando se combinan con otras sustancias depresoras.

Hablar con los jóvenes sobre los opiáceos y los sedantes

• Explique que algunas drogas pueden provocar cambios en el cerebro de forma que la persona se siente enferma si no toma esa droga. Para un niño pequeño puede utilizar el ejemplo de satisfacer un determinado gusto: la primera vez que lo sorprende llevándolo al cine o dándole un caramelo, él se siente muy complacido y satisfecho, pero si usted lo obsequia cada día después del colegio, y un día súbitamente deja de hacerlo, él lo encontrará a faltar y tal vez incluso se enfade. Dígale que estos sentimientos son muy leves comparados con los que experimenta una persona que toma opiáceos durante cierto tiempo y luego deja de tomarlos. En esos casos la persona se siente muy enferma y desesperada por la falta de la droga.

• Si el niño es mayor, dígale que los opiáceos hacen que la gente al principio se sienta muy bien, y muchos dicen que las primeras veces experimentan las mejores sensaciones que han tenido jamás. Este efecto es tan potente que una persona conocida nuestra perdió el control y se echó a llorar cuando le administraron un opiáceo para ayudarle a soportar el dolor después de una intervención quirúrgica. Se sentía tan sumamente triste que no hubiera podido vivir si no hubiera sido por la sensación de placer y bienestar que le provocaba la droga. Afortunadamente, tenía la conciencia suficiente como para evitar tomar la droga por propia iniciativa, ya que sabía que esa sensación tan intensa de placer habría ido disminuyendo con el tiempo y habría anhelado tomar más y más cantidad de droga.

• Explique que las sustancias opiáceas tienen usos médicos legítimos y que las dosis médicas se calculan con suma prudencia para evitar posibles daños debidos a un exceso.

• Subraye que los opiáceos utilizados como fármacos para el dolor son muy puros y que, por lo tanto, los médicos saben que han de ser muy precisos calculando las dosis. Además, se intenta administrar únicamente la cantidad necesaria para controlar el dolor de la persona. Esto se debe a que dosis más elevadas pueden ser peligrosas.

• Cuando hable con niños pequeños, es importante no decirles cosas que sean excesivamente intimidatorias o que puedan malinterpretarse fácilmente. El empleo de analogías como: «Harán que te quedes dormido y no te volverás a despertar jamás», pueden parecer claras y fáciles de comprender, pero pueden propiciar que lleguen a tener pánico a quedarse dormidos. Pensamos que es mejor explicarles que el cerebro les ayuda a mantenerse con vida y que este tipo de drogas en concreto puede hacer que el cerebro deje de funcionar.

• Las cuestiones de la potencia y la pureza de la droga son más relevantes para niños algo mayores, a quienes es más probable que les ofrezcan opiáceos. Es importante enfatizar lo potentes que son estas sustancias químicas y lo fundamentales que son las funciones cerebrales que quedan afectadas. A continuación, subraye que no se tiene ningún control sobre el tipo de droga que les puedan ofrecer. Es imposible emitir un juicio sobre la pureza de una sustancia con una simple ojeada; ni siquiera se pueden determinar las diferencias existentes con respecto a otras drogas que tengan la apariencia de opiáceos por su aspecto (polvos blancos o marrones). Los opiáceos en pastilla que hayan sido desviados del legítimo uso médico para el que estaban destinados también son peligrosos: el riesgo de sobredosis es igualmente posible porque el usuario no conoce la dosis adecuada ni probablemente tampoco sabe el tipo de droga de que se trata.

• Dado que muchos sedantes vienen presentados en forma de pastilla y obviamente están concebidos como fármacos, la vieja lección de que los medicamentos sólo son seguros cuando se toman siguiendo las prescripciones del médico es aquí muy práctica (especialmente si se enseña desde edad temprana).

• Haga hincapié en que, a veces, cuando se combinan drogas que tienen una acción similar, los efectos pueden ser mucho más potentes que los que tendrían esas sustancias por separado. De hecho, en algunos casos, los efectos van más allá de la simple adicción. Enfatice el hecho de que el alcohol es una sustancia que tiene efectos peligrosos por sí sola (véase el capítulo que trata del alcohol) y de que los sedantes tienen algunos efectos comunes con el alcohol. Cuando se combinan el alcohol con los sedantes se pueden producir graves trastornos de la memoria, pérdida del conocimiento e incluso la muerte.

• Una mejor concienciación acerca de los peligros de conducir vehículos después de haber bebido y un endurecimiento de las leyes que castigan la alcoholemia excesiva han propiciado que algunas personas beban menos y tomen sedantes para «emborracharse», pensando que en esas circunstancias la conducción es segura. Esto es totalmente falso. De hecho, una persona que haya ingerido simultáneamente sedantes y alcohol es mucho más peligrosa en la carretera que otra que haya consumido una cantidad importante de una sola de estas sustancias.

11

El éxtasis, el GHB y la ketamina: las denominadas drogas de diseño

Al grupo de drogas integrado por el éxtasis, el GHB y la ketamina se le denomina acertadamente «party drugs», «club drugs», o drogas de diseño dado que se han hecho populares en un entorno social que abarca desde las fiestas adolescentes con música *acid* hasta las sofisticadas fiestas urbanas de los treintañeros. El éxtasis en concreto está adquiriendo una popularidad epidémica entre los adolescentes y es la única droga cuyo consumo está aumentando entre ellos.

El *éxtasis* es una sustancia química denominada MDMA (metilenodioximetanfetamina), la cual, como se deduce de su nombre químico, está emparentada con la anfetamina. El éxtasis produce efectos distintos a los de cualquier otra droga conocida: una profunda sensación de paz, amor y empatía. Fue descubierta a principios del siglo XX, pero permaneció en el olvido hasta la década de los setenta, cuando algunos psicoterapeutas y farmacéuticos pensaron que podía ser útil para que algunas personas adquirieran un mejor conocimiento de sí mismas y mejoraran sus relaciones con los demás. Lentamente se convirtió en una droga recreativa «legal», que fue popular en algunas universidades y entre determinadas personas que querían conocerse a sí mismas. En 1985, el gobierno norteamericano decidió que era demasiado tóxica para tener un uso médico y la ilegalizó, pero esto no evitó que fuera ganando popularidad, especialmente entre la gente joven.

El *GHB* (ácido gamma hidroxibutírico) es una droga sedante que se utiliza como agente anestésico y como tratamiento para el alcoholismo en Europa. Se trata de una sustancia química que produce el cerebro humano de forma natural. Las células nerviosas de muchas partes del cerebro tienen sensores para esta sustancia. No se sabe exactamente cuáles son los efectos que causa en el cerebro, salvo que produce somnolencia. A dosis bajas, produce una ligera sensación de euforia y un alivio de la ansiedad, similar a lo que produce el alcohol. A dosis más elevadas, los efectos son muy parecidos a los de la intoxicación etílica. Los primeros consumidores recreativos fueron personas que practicaban culturismo, que creían que esta droga los fortalecería, pero las investigaciones no han podido confirmar este extremo. Se descubrió que el GHB podía sintetizarse fácilmente y su popularidad aumentó cuando su fórmula química se publicó en Internet.

La *ketamina* (Special K) es una droga anestésica que se produce legalmente en Estados Unidos. Ya hemos hablado sobre esta sustancia en el capítulo que trata de los alucinógenos (capítulo 6). Actúa de una forma poco habitual y no provoca un sueño tan profundo como aquéllos. Se utiliza principalmente para anestesiar animales y en anestesiología infantil; no se usa en personas adultas porque éstas suelen padecer espantosas alucinaciones. A los adolescentes les gusta porque produce unos efectos similares a los del alcohol, y algunos experimentan la sensación de encontrarse fuera de su cuerpo. Por ello se ha convertido en una droga recreativa relativamente popular.

Las cosas más importantes que deben saberse acerca del éxtasis

1. EL ÉXTASIS ACTÚA EN EL CEREBRO LIBERANDO
   CANTIDADES MASIVAS DE SEROTONINA, LO CUAL
   HACE QUE QUIEN LO CONSUME SE SIENTA MUY BIEN

La serotonina es una sustancia química que regula muchos procesos del cerebro, incluyendo la sensación de apetito, el sueño, la temperatura corporal, la memoria y la sensación de bienestar. La liberación rápida de grandes cantidades de serotonina produce fuertes efectos psicológicos.

Usted habrá oído hablar de la serotonina con anterioridad si está familiarizado con algunos fármacos antidepresivos, como el Prozac, que pertenece al grupo de los denominados inhibidores selectivos de la recaptación de la serotonina (ISRS). Cuando las células nerviosas que contienen serotonina reciben una señal determinada, liberan la serotonina en el cerebro. Para conservarla y limitar su tiempo de acción, las células reciclan esa sustancia de forma activa. Los ISRS actúan evitando que las células nerviosas reciclen parte de la serotonina liberada. Una persona deprimida se siente mejor cuando en el cerebro hay un poco más de serotonina, y ello hace que su capacidad para conciliar el sueño, su apetito y su sensación de bienestar mejoren.

El éxtasis funciona de forma distinta a como lo hacen los ISRS puesto que entra en el interior de las células nerviosas y provoca que liberen grandes cantidades de serotonina, independientemente de que reciban o no la señal para hacerlo. De esta forma el consumidor experimenta una notable mejora en su estado de ánimo. Se siente eufórico, disminuye su ansiedad, experimenta paz, tranquilidad, así como empatía y amor hacia los demás. Quienes toman esta sustancia explican que se realza su sentido del tacto, de forma que disfrutan experimentando con distintas texturas. Una de las hijas del doctor Wilson acudió a una fiesta acid (un tipo de fiesta que dura toda la noche, con baile ininterrumpido, la música a todo volumen y libre consumo de drogas) en la que había mucho éxtasis. Al regresar a casa explicó que había un ambiente con tanto amor, paz y cariño que quería que le dijeran de nuevo «qué había exactamente de malo en consumir esa droga».

Aquí la supervisión paterna tiene la oportunidad de desempeñar un rol protector con sus hijos. Usted debe saber con detalle dónde van sus hijos y qué es lo que se van a encontrar. Si los jóvenes acuden a fiestas acid es indudable que se encontrarán drogas. Si tiene cualquier duda, pregunte en la comisaría local de policía.

2. LA PRIMERA CONSUMICIÓN DE ÉXTASIS
PUEDE PRODUCIR EFECTOS PERJUDICIALES O FATALES

La liberación masiva de serotonina puede elevar la temperatura corporal y causar graves problemas. A menudo, el éxtasis se toma en ambientes de discoteca, en los que la actividad física es muy intensa. Recuerde que el éxtasis es un estimulante emparentado con la anfetamina, y al igual que todos los estimulantes provoca que la gente quiera moverse. De esta forma, el baile constituye una vía de escape natural, y quienes han consumido esta sustancia tienden a acalorarse. La serotonina, que se libera como consecuencia de la acción de la droga, inhibe la capacidad del organismo para regular la temperatura, lo cual puede causar convulsiones y lesiones cerebrales. Otro problema es que se bebe excesiva cantidad de agua para tratar de mantener baja la temperatura corporal y ello hace que la concentración de sodio en el organismo se reduzca hasta el extremo de provocar que el corazón y el cerebro no funcionen adecuadamente. El aumento de la temperatura y las convulsiones pueden provocar la destrucción del tejido muscular y la liberación de gran cantidad de sustancias químicas. Finalmente, la sangre tiende a coagularse y a detenerse en el interior de los vasos sanguíneos, lo que provoca la muerte.

3. LA GENTE SE SIENTE MAL CUANDO DESAPARECEN LOS EFECTOS DEL ÉXTASIS

Debido a que el éxtasis favorece la liberación masiva de serotonina, el cerebro dispone de menos cantidad de esta sustancia en los días posteriores. La serotonina liberada por el éxtasis tiene que ser repuesta por las células nerviosas y ello requiere su tiempo. Cuando el nivel de serotonina es bajo, la persona se siente deprimida (está disfórica, se encuentra fatal, tiene poco apetito, duerme mal y experimenta un estado de ansiedad). La recuperación puede durar varios días. Si la persona sufre depresión de manera natural, pasará por unos momentos de verdadero riesgo; recuerde que la depresión puede ser una enfermedad mortal, puesto que las personas deprimidas pueden intentar suicidarse. La combinación de la depresión subyacente y la depresión a causa del síndrome de abstinencia del éxtasis puede constituir un problema grave.

4. LAS ÚLTIMAS INVESTIGACIONES MÉDICAS DEMUESTRAN QUE EL CONSUMO REPETIDO DE ÉXTASIS DAÑA LAS CÉLULAS NERVIOSAS QUE ALMACENAN SEROTONINA

El daño en las células nerviosas que almacenan la serotonina es el efecto más grave del éxtasis. Las mejores investigaciones científicas llevadas a cabo tanto en animales como en personas demuestran que el éxtasis es una neurotoxina. Su consumo repetido mata la parte de la célula encargada de liberar serotonina, y desconocemos cuándo se recuperan estas células o si esta recuperación llega a producirse efectivamente.

Éste no es sólo el peor aspecto del éxtasis, sino también el más controvertido. Hay que reconocer que muchos consumidores de esta sustancia la adoran y desoyen cualquier advertencia acerca de su toxicidad. Existe también un grupo de científicos y facultativos que opinan que debería permitirse el uso médico del éxtasis en las personas. Este colectivo tiende a desestimar cualquier estudio que demuestre que esta droga es tóxica. Argumentan que a dosis bajas es segura, pero *el problema es que desconocemos cuándo una dosis es lo suficientemente baja.*

Las investigaciones en animales demuestran que el consumo de dosis equivalentes a las tomadas por seres humanos dañan el sistema de la serotonina, y que el restablecimiento puede no llegar a producirse jamás. Se han realizado estudios con ratas durante un año y con primates durante siete años: después de haberlos expuesto de forma continuada al éxtasis, sus cerebros no se recuperaron plenamente. Los estudios no pueden detectar pequeñas lesiones, por ello desconocemos si ya después de la primera toma se producen daños.

Las investigaciones realizadas en seres humanos también muestran serios problemas. Los estudios de neuroimágenes de los sistemas de serotonina en consumidores a largo plazo muestran daños permanentes. Los exámenes psicológicos demuestran que estos consumidores también experimentan problemas de memoria. Es probable que las personas jóvenes (al igual que los animales jóvenes) tengan una excesiva función de la serotonina, de forma que el daño no se constata de inmediato. Sin embargo, parece ser que las personas pierden la función de la serotonina a medida que envejecen, de manera que quienes han infligido un daño a este sistema durante su juventud tienen una tendencia a la depresión en años posteriores.

Hablar con los jóvenes sobre el éxtasis

• Subraye que el éxtasis es un producto potente que se introduce en el cerebro y libera cantidades masivas de una sustancia química cerebral natural: la serotonina. Con los más jóvenes puede recurrir a la analogía del hornillo de gas: el quemador del hornillo deja salir lentamente una cantidad pequeña de gas, de forma que la llama tiene una proporción adecuada. Si por alguna circunstancia el gas sale de golpe, se produce una explosión y se origina un fuego difícil de controlar.

• Admita que hay muchas personas que dicen que el éxtasis provoca una sensación de plenitud, amor y empatía durante las pocas horas que permanece en el organismo. No tiene ningún sentido intentar desmentir este aspecto del éxtasis, porque estaría mintiendo y sus hijos lo notarían. Pero esta sensación es sólo pasajera y favorece que las personas tomen decisiones equivocadas, de manera que no evitan las situaciones peligrosas (ya sea subiendo en el coche con un conductor bebido, probando otras drogas o combinaciones de drogas, o practicando sexo sin adoptar ninguna medida de seguridad). Después de todo, los seres humanos experimentamos las sensaciones de miedo y cautela por algún motivo, y asistir a una fiesta en la que hay muchas drogas sitúa a la persona en una situación de riesgo.

• Ésta es una ocasión excelente para poner de manifiesto que casi todas las drogas actúan de diversas formas. No cabe duda de que el éxtasis provoca bienestar en la persona que lo consume, pero puede ser peligroso, dado que altera los procesos orgánicos. Además, ¿cómo se puede saber la cantidad que realmente se está tomando? La pastilla de éxtasis no sigue un proceso de elaboración legalmente controlado: todo el éxtasis proviene de laboratorios ilegales; por lo tanto, no es posible saber la cantidad que contiene cada dosis.

• No deje que los jóvenes se dejen engañar por los exámenes de evaluación que se realizan con las pastillas para asegurarse de que son éxtasis. Estas pruebas no pueden analizar todos los componentes, y no pueden determinar la cantidad de éxtasis que contiene una determinada pastilla. Además, el éxtasis en sí mismo es peligroso, aun cuando sea puro.

• La *intoxicación por agua* es algo que todos los jóvenes tienen que conocer. Cuando se bebe demasiada agua se diluye el sodio que está presente en la sangre, lo cual provoca trastornos en la actividad eléctrica en todas las partes del organismo. Éste es el motivo por el cual los deportistas, cuando sudan en días calurosos, consumen bebidas que contienen sodio. Algunas muertes a causa del éxtasis se deben a que los jóvenes beben *intencionadamente* grandes cantidades de agua, pensando que así paliarán la toxicidad de la droga.

• Recuerde a los jóvenes que casi todas las drogas psicoactivas precisan, después de consumirlas, un periodo de recuperación (por ejemplo, una resaca debida al alcohol). Respecto a la serotonina puede utilizar el ejemplo de un depósito que se llena lentamente: si se vuelca el contenido, se requerirá un tiempo para volver a llenarlo.

• Muchas personas se deprimen en algún momento de su adolescencia, y ésa es una buena ocasión para hablar sobre el tema. Si sus hijos le han explicado cómo se sienten cuando están deprimidos y lo abatidos que están, recuérdeles que el éxtasis provoca que las personas se sientan de esta forma.

• Trate por todos los medios de inculcar a sus hijos que si están deprimidos se lo tienen que explicar a alguien. La tendencia al suicidio derivada de la depresión escapa muchas veces al control de la persona, y sólo se puede evitar con la ayuda de alguien. Explique a sus hijos que pueden hablar de sus sentimientos.

• Los niños carecen de la capacidad para extraer fácilmente las consecuencias futuras de su comportamiento habitual. Así pues, no dará resultado argumentar que en un futuro se sentirán deprimidos o tendrán problemas de memoria. De forma todavía más acentuada que con el tabaco, existe una gran desproporción entre el bienestar actual que produce la droga y las consecuencias negativas que se darán en el futuro. Pero los jóvenes necesitan saberlo. Intente establecer la analogía con la poda de un árbol. Utilizar éxtasis es como podar las ramas de un árbol. Al principio no se percibe la diferencia, pero con el tiempo el árbol sufrirá una verdadera transformación.

• ¿Qué sucede cuando se poda una rama? El árbol continúa creciendo, pero por lugares distintos: los brotes surgen alrededor de la zona podada, tratando de restablecer la rama. Esto es lo que hace el cerebro cuando ha quedado afectado por el éxtasis. Cuando la droga mata las partes de las células encargadas de liberar serotonina, algunas células mueren, pero otras se ramifican intentando volver a la normalidad. El problema es que las nuevas ramas no son exactamente iguales que las originales. De forma similar, las neuronas encargadas de la serotonina que logran recuperarse aplican esta sustancia en lugares del cerebro no convenientes. Esto puede causar tantos problemas como la pérdida misma de serotonina.

• No importa lo que los jóvenes hayan podido oír; la verdad es que los científicos ignoran si el consumo de éxtasis es seguro, por pequeño que sea este consumo.

Las cosas más importantes que deben saberse acerca del GHB

1. EL GHB ES UNA DROGA QUE INDUCE EL SUEÑO Y QUE PUEDE
MATAR, ESPECIALMENTE CUANDO SE COMBINA CON EL ALCOHOL

El GHB seda el sistema nervioso central, incluyendo las partes del cerebro que controlan la respiración. El alcohol puede potenciar este efecto. La sobredosis de GHB provoca una parada respiratoria. La respiración se produce debido a que el cerebro percibe la falta de oxígeno y envía señales a los músculos para que los pulmones se llenen. Las drogas sedantes están diseñadas para inducir el sueño sin que la persona deje de respirar, pero no son perfectas (la mayoría de sustancias a dosis elevadas inhiben la respiración, y de esta forma resultan letales). El GHB es una droga líquida, incolora e insípida, que a menudo se mezcla con bebidas alcohólicas. Su presencia allí es indetectable y dado que el alcohol es también sedante, la combinación puede ser mortal.

El GHB también causa amnesia durante el intervalo de tiempo en que la persona está bajo sus efectos tóxicos. Debido a sus cualidades y a la capacidad que tiene de quedar enmascarado en una bebida, el GHB se utiliza como «date-rape drug».*

2. EL CONSUMO CONTINUADO DE GHB PROVOCA
UN SÍNDROME DE ABSTINENCIA CON SÍNTOMAS GRAVES

El cerebro se adapta al uso continuado de GBH durante unos cuantos meses y luego el síndrome de abstinencia puede ser tan grave que requiera hospitalización.

* El GHB, el flunitrazepam y otras drogas se denominan «date-rape drugs» debido a la posibilidad de cometer acciones criminales de violación o abusos sexuales infligidos tras introducir subrepticiamente una de estas sustancias en una bebida de la víctima. (*N. del t.*)

El GHB lo empezaron a utilizar los culturistas. Se publicó un artículo científico en el que se decía que esta sustancia liberaba en el organismo la hormona del crecimiento, y los culturistas decidieron que la utilizarían para incrementar su masa muscular. Nunca nadie ha demostrado que el GHB pueda fortalecer a la persona que lo toma, pero la gente continúa utilizando esta droga. Ahora se ha comprobado que quienes han consumido la sustancia con regularidad desarrollan un grado de dependencia tan fuerte que deben recurrir a ella en intervalos que oscilan entre las dos y las cuatro horas. Si se detiene el consumo se desencadena el síndrome de abstinencia y no se puede conciliar el sueño ni funcionar de una forma efectiva. Transcurridas veinticuatro horas del inicio del síndrome, algunas personas tienen reacciones psicóticas y deben ingresar en un hospital, donde les administran dosis intensivas de medicamentos e intentan contenerlos. Los psiquiatras señalan que se trata del peor síndrome de abstinencia relacionado con las drogas del que tienen conocimiento.

3. OTRAS SUSTANCIAS QUÍMICAS SE CONVIERTEN EN GHB
   EN EL INTERIOR DEL ORGANISMO

Dado que el GHB es una sustancia química que produce el organismo de forma natural, el cuerpo es capaz de elaborarla a partir de otras sustancias químicas. Dos de estas sustancias, la GBL (gamma butirolactona) y la 4-BD (4-amino butirodiona), se convierten en GHB en el interior del cerebro. Leyes promulgadas recientemente han restringido la venta y la elaboración de GBH, y algunas controlan también la GBL. Sin embargo, la 4-BD es un disolvente que se puede adquirir fácilmente, y es igual de efectiva que el GHB. La sustancia se vende con diversos nombres comerciales como producto destinado a los culturistas. Así pues, las normas gubernamentales no están ocupándose de limitar la disponibilidad de las sustancias químicas similares al GHB. Haga hincapié al hablar con sus hijos en que cualquiera de estos productos puede acarrearle los mismos problemas que el GHB: posibilidad de ingerir una dosis letal, amnesia y problemas relacionados con el síndrome de abstinencia.

Hablar con los jóvenes sobre el GHB

• Dígale a sus hijos que el GHB puede matar debido a que seda a la persona con tanta intensidad que ésta puede dejar de respirar. Y lo que es más importante, explique que si se mezcla esta droga con alcohol sus efectos son todavía más letales.

• El GHB se utiliza como «date-rape drug» debido a que se puede añadir a una bebida sin que la persona detecte su presencia. Dígale a sus hijos que no deben aceptar bebidas sin estar seguros de lo que contienen.

• Es sumamente importante advertir a los jóvenes de que si en alguna ocasión, tras beber algo, se sienten de forma distinta a lo que cabría esperar (por ejemplo, con un grado de intoxicación mayor del que se supone provoca una sola copa de alcohol), deben buscar ayuda. Es posible que la bebida contuviera GHB. (Esto es bastante frecuente en los ambientes característicos de las fiestas, y les ha sucedido a algunos amigos de nuestras hijas.)

• Explique que cuando el GHB se consume regularmente, el cerebro cambia para adaptarse a esta sustancia. Estos cambios hacen que el cerebro «necesite» el GHB para funcionar adecuadamente. Dado que el cerebro se adapta a esta cantidad, la persona necesita más GHB del que produce su organismo. Entonces, cuando se quiere abandonar el consumo, después de haber estado tomando la droga durante un tiempo, surgen problemas importantes.

- Advierta especialmente a sus hijos acerca de los productos que se pueden comprar en los gimnasios. En ellos se distribuyen productos que contienen grandes cantidades de GHB y sustancias químicas similares, que supuestamente sirven para dietas culturistas. Estas sustancias no sirven para modelar el cuerpo y destrozan el cerebro.

Las cosas más importantes que deben saberse acerca de la ketamina

LA KETAMINA ES UN ANESTÉSICO QUE HACE QUE EL CEREBRO IGNORE LA SENSACIÓN DE DOLOR. AL IGUAL QUE OTRAS SUSTANCIAS ANESTÉSICAS, A DOSIS ELEVADAS PUEDE RESULTAR LETAL

La ketamina actúa haciendo que el cerebro disocie las señales de dolor de la sensación de angustia, de forma que la persona ignora el primero. Sin embargo, esta disociación produce alucinaciones y a dosis elevadas puede matar, al igual que otros sedantes.

Esta droga tiene principalmente un uso pediátrico, aunque también se emplea en animales. A los adultos no se les administra porque les provoca trastornos del sueño y alucinaciones. Los niños pequeños no parecen presentar este problema cuando la droga se utiliza como fármaco, lo cual constituye otro ejemplo de las diferencias que existen entre el cerebro del adulto y el de los niños. Los adolescentes se encuentran en una situación intermedia, ya que muchos de ellos experimentan alucinaciones y disfrutan de las sensaciones que provoca la ketamina. Esta sustancia puede ser letal tanto para los niños como para los adultos si se recibe una dosis excesiva.

Hablar con los jóvenes sobre la ketamina

• Enseñe a los jóvenes que la ketamina es un sedante y que, al igual que los otros sedantes, puede ser letal a dosis elevadas. Sin embargo, dado que apenas existen datos sobre fallecimientos a causa de esta sustancia, es poco probable que sus hijos hayan oído que alguien tuviera problemas.

• El mayor riesgo que puede comportar la ketamina es el mismo que comportan los restantes alucinógenos: el hecho de que la persona cometa alguna imprudencia bajo la influencia de la droga. Advierta a sus hijos de que la ketamina es como los restantes alucinógenos y de que bajo su influencia se pueden adoptar decisiones desafortunadas y muy peligrosas.

12

Los esteroides y otras sustancias para mejorar el rendimiento

Los productos para mejorar el rendimiento son sustancias químicas que supuestamente facilitan que la persona sea más fuerte, más delgada, más rápida o más musculosa. Todas ellas están de moda entre los deportistas de élite, que las utilizan y abusan de ellas. Estas sustancias se pueden encontrar en diversos lugares: en las estanterías de los supermercados, en las tiendas de artículos de nutrición, en Internet y en el gimnasio. Todo el mundo desea encontrar un suplemento que le haga mejorar en un sentido o en otro. Así pues, ¿cuál es la verdad acerca de estas sustancias? ¿Qué se debe decir a los niños con relación a las mismas?

Si se fija en los nombres de los distintos productos que hay en el mercado, es posible que quede abrumado. De hecho, existen muchos productos y su problemática es tan compleja que escribimos todo un libro dedicado a ella: *Pumped: Straight Facts for Athletes About Drugs, Supplements, and Training* (W. W. Norton, 2000). En este capítulo sólo trataremos de los esteroides (los productos para adelgazar son tratados en el capítulo 13, «Los estimulantes»).

Los esteroides son las sustancias para mejorar el rendimiento que resultan más problemáticas y son las únicas de las que disponemos de información relativa a las personas. Sin embargo, respecto a todas estas sustancias químicas podemos extraer una conclusión: *nuestra opinión es que los jóvenes, cuyos cerebros y cuyos cuerpos están en fase de crecimiento, deben evitar utilizar cualquiera de estas sustancias.* No sabemos lo suficiente acerca de sus efectos sobre las personas que están en fase de crecimiento como para afirmar que son sustancias seguras; y de hecho, se tiene constancia de que algunas son peligrosas.

Las cosas más importantes que deben saberse acerca de los esteroides

1. No todos los esteroides son iguales

Existen dos tipos de esteroides de los que puede oír hablar: los *esteroides catabólicos* y los *esteroides anabólicos*. Los catabólicos se prescriben para tratar procesos inflamatorios y para el asma, mientras que los esteroides anabólicos, como la testosterona, tienen la finalidad de moldear los músculos. Las diferencias entre ambos tipos de esteroides son a menudo causa de equívocos y preocupaciones. Los esteroides catabólicos combaten la inflamación, pero pueden dañar el músculo. Los esteroides anabólicos son los que la gente utiliza para propiciar el crecimiento muscular. La testosterona es el agente anabólico mejor conocido; la mayoría de drogas anabólicas que utilizan los deportistas incrementan el nivel de testosterona o proporcionan cantidades suplementarias de esta hormona, por uno u otro método.

2. Los esteroides anabólicos pueden tener poderosos efectos sobre el desarrollo del organismo

La testosterona es una hormona sexual. Es uno de los principales factores que diferencian a los hombres de las mujeres, y es fundamental para el desarrollo del cuerpo, en general, y del cerebro, en particular, de los varones. Los hombres tienen mucha más testosterona que las mujeres, y éste es el motivo por el cual tienen una voz más profunda, un cuerpo con más vello y unos músculos más desarrollados. El aumento de la testosterona que se produce en la pubertad es la causa de que los chicos crezcan rápidamente y experimenten tantos cambios en un periodo de tiempo tan breve. El desarrollo normal depende de que se disponga de la cantidad adecuada de testosterona en el momento preciso. El incremento de los niveles de testosterona mediante la administración de suplementos durante la fase de crecimiento de la persona puede tener efectos graves. Esto puede resultar tan perturbador para los sistemas orgánicos internos de señales que en los chicos se puede detener el desarrollo y en las chicas pueden aparecer rasgos masculinos.

3. EL VARÓN NORMAL, PLENAMENTE DESARROLLADO,
   TIENE SUFICIENTE TESTOSTERONA

El varón produce toda la testosterona que su organismo necesita. Éste es un gran secreto del que no hablan las empresas dedicadas a fabricar suplementos para deportistas. Los varones tienen suficiente testosterona para saturar todos los receptores de esta sustancia. Para obtener cualquier efecto adicional, los culturistas tienen que elevar los niveles de testosterona de una forma exagerada: de 100 a 10.000 veces la cantidad normal. Se desconoce el motivo por el cual este enorme aumento del nivel de testosterona hace que el músculo se desarrolle, pero se cree que puede ser debido a que, a esos niveles, los esteroides anabólicos bloquean la acción de los esteroides catabólicos, que afectan al músculo. Sin embargo, estos niveles de testosterona tienen efectos negativos sobre la salud, incluyendo problemas de corazón y de hígado.

Los suplementos anabólicos que se pueden obtener sin prescripción médica no provocan estos aumentos de los niveles de testosterona. Algunas de estas sustancias químicas incrementan ligeramente el nivel, pero no lo suficiente como para provocar cambios. Otras sustancias en realidad lo que hacen es aumentar de forma significativa el nivel de estrógenos. ¿Qué joven desea aumentar la cantidad de estrógenos en su organismo? No quien desee modelar sus músculos.

4. LAS AFIRMACIONES DE LOS FABRICANTES DE SUPLEMENTOS NO ESTÁN REGULADAS POR EL GOBIERNO

En 1994, una ley permitió que en Estados Unidos los suplementos fueran más asequibles porque suprimió gran parte del poder normativo que tenía la Food and Drug Administration (FDA). Por lo tanto, los fabricantes podían anunciar sus productos sin tener que someterlos a un riguroso estudio.

Muy poca gente sabe lo que sucedió en 1994. En ese año el Congreso aprobó una ley en la que se establecía, para los compuestos «naturales», un régimen muy distinto del que regía para los fármacos elaborados por la industria farmacéutica. Respecto a los medicamentos sujetos a prescripción médica, los fabricantes tienen que demostrar ante la FDA que son seguros y efectivos. No sucede lo mismo con los suplementos hechos a base de compuestos naturales: el fabricante puede afirmar lo que quiera con respecto a ellos, y es la FDA quien tiene la tarea de demostrar lo contrario. Dado que la FDA cuenta con unos recursos limitados y dada la gran cantidad de suplementos que existen, es imposible para esta agencia gubernamental controlarlos a todos de forma eficaz. El resultado de todo ello es que se venden gran cantidad de suplementos gracias a afirmaciones que no están debidamente avaladas por una investigación médica cualificada.

Hablar con los jóvenes sobre los esteroides

• Asegúrese de que los niños entienden que no es lo mismo tomar un esteroide catabólico para combatir el asma u otro problema que abusar de las sustancias generadoras de testosterona. Los niños que toman esteroides para el asma están tomando un fármaco, no un suplemento ilegal, y por ello no deben dejar de tomarlo. La administración de esteroides para el asma no hace que los músculos se desarrollen. Además, los esteroides catabólicos no dan lugar a la descalificación deportiva.

• Los jóvenes han de saber que la testosterona que produce el organismo de forma natural controla características muy importantes del crecimiento. Casi todo el mundo tiene la cantidad adecuada en el momento preciso, y añadir cantidades adicionales es como poner excesivo fertilizante en una planta (que o bien detendrá el crecimiento de la planta y la matará o bien provocará algún tipo de alteración).

• Se debe advertir seriamente a las niñas de que tomar testosterona en cualquier momento de sus vidas, pero especialmente durante el crecimiento, puede provocar la aparición de rasgos masculinos. Les puede crecer vello en zonas no deseadas, les puede cambiar la voz y volverse más profunda e incluso pueden sufrir cambios en los genitales (aumento del tamaño del clítoris).

• El desarrollo del cerebro también depende de las hormonas sexuales, y se debe decir a los niños que nuestros conocimientos en este campo son todavía limitados. Sin embargo, no es prudente poner en peligro algo tan importante como la función cerebral utilizando estas sustancias.

• Advierta a los niños de que mientras el organismo esté en fase de desarrollo, los suplementos que se pueden adquirir sin prescripción facultativa pueden hacer aumentar el nivel de testosterona lo suficiente como para alterar ese desarrollo. En la actualidad no se dispone de datos científicos al respecto, pero no vale la pena asumir riesgos.

• Explique a los niños que esos individuos inmensos que se ven en las revistas toman testosterona o anabólicos similares. Estos suplementos hormonales no se pueden conseguir sin prescripción médica.

• Localice alguna farmacia en la que haya algún farmacéutico cualificado y amigable, y que esté dispuesto a charlar con sus hijos sobre esta materia. Pídale a este profesional que les explique las diferencias entre las precauciones que deben adoptar las empresas farmacéuticas con los medicamentos que precisan de prescripción facultativa y las que deben adoptar las empresas que comercializan suplementos. Pensamos que es un ejercicio que vale la pena realizar y que puede impresionar a sus hijos. Si no le es posible llevar a cabo esto, dé una vuelta por la farmacia con sus hijos y encárguese usted mismo de dar la explicación.

13

Los estimulantes: de la recompensa a la adicción. Lo bueno y lo malo

Cuando se escucha la palabra *estimulante*, probablemente se piensa en drogas que inducen a hablar, a moverse, a permanecer despierto e incluso a pensar de forma positiva (con efectos similares a los que produciría una buena taza de café). Pero los estimulantes de los que trataremos en este capítulo tienen unos efectos que van más allá de «hacernos sentir bien». Estas sustancias interactúan con una parte muy específica del cerebro denominada «sistema de recompensa», y es su acción en la red neural la que provoca que algunas sean extraordinariamente adictivas.

Algunas de las drogas de las que hablamos son las que reciben el calificativo de duras cuando se alude a ellas en los medios de comunicación; por ejemplo, la cocaína y la metanfetamina. Sin embargo, más adelante en este mismo capítulo describiremos algunas sustancias que pueden ser útiles desde el punto de vista médico, como el metilfenidato (Ritalín, Ritalina, Rubifén) y los fármacos que sirven de ayuda en las dietas, como la efedrina. La clave para entender lo referente a estas sustancias estimulantes es comprender cómo funciona el sistema de recompensa del cerebro. Así pues, en primer lugar abordaremos este aspecto.

EL SISTEMA DE RECOMPENSA DEL CEREBRO

Una de las partes más importantes del cerebro, y que la mayoría de la gente ni tan siquiera sabe que existe, es el sistema de recompensa. Se trata de una red formada por varios grupos de células nerviosas que trabajan de forma coordinada para permitir que el hombre (y también los animales) actúe de forma adecuada para preservar la especie (realizando actividades como buscar comida y agua, mantener relaciones sexuales, ganar batallas y tener buenas relaciones sociales). Ciertamente, no lo sabemos todo acerca del funcionamiento de esta red de células nerviosas, pero sí lo suficiente para comprender el motivo por el cual los estimulantes actúan de la forma en que lo hacen.

La primera actividad del sistema de recompensa es hacernos *prestar atención* a los aspectos que sirven para cubrir nuestras necesidades, y ello en aras a conservar la especie. Los científicos que estudian esta materia emplean la palabra *salience* (o significado) para describir cómo la recompensa modifica nuestra forma de responder a un particular impulso. Utilicemos como ejemplo un pastel de chocolate que le ha hecho su abuela.

Su sistema de recompensa ha asociado el hecho de comerse el pastel a un gran placer y satisfacción, puesto que la grasa y el azúcar estimulan el sistema de recompensa. Así pues, este sistema asocia los «estímulos» con el pastel. Usted empieza a desear el pastel cuando se dirige hacia la casa de su abuela, y mientras conduce por la autopista. Ha aprendido a prestar atención a los estímulos del entorno que indican que «el pastel está en camino». Cuando baja del coche, usted se *centra* en el pastel. Ésta es la segunda cosa que hace el sistema de recompensa: le ayuda a centrarse en la tarea. Entonces se dirige directamente hacia la cocina. El sistema de recompensa le facilita la realización de los *movimientos resueltos*. Prestar atención, centrarse en el objetivo y realizar los movimientos resueltos son los instrumentos que proporciona el sistema de recompensa para cubrir nuestras necesidades básicas.

Lo interesante acerca del sistema de recompensa es que no es preciso tener una necesidad urgente o inmediata para actuar. El sistema de recompensa ha asociado el hecho de comerse el pastel de chocolate con un gran placer y satisfacción. De esta forma, aunque no tenga un especial apetito, cuando usted ve uno de esos maravillosos pasteles es posible que se le empiece hacer la boca agua y que le apetezca comerse un trozo de inmediato. Tal vez comience a obsesionarse tratando de encontrar la manera de convencer a su abuela para que le corte un pedazo antes de servir la comida.

Con el ejemplo del pastel podemos ilustrar otra característica del sistema de recompensa: se trata de su dependencia de un cierto grado de novedad. Usted sabe que si cada día pudiera disponer de un maravilloso pastel, al final le cansaría y perdería el atractivo que tiene. Si su abuela se lo cambiara por una tarta de coco, igualmente deliciosa, usted volvería a entusiasmarse. La necesidad de novedades que tiene el sistema de recompensa sirve para asegurar que usted escogerá una variedad de alimentos y no se conformará sólo con uno.

Todas estas características del sistema de recompensa tienen un gran valor para la supervivencia de la especie. No cuesta demasiado esfuerzo comprender cómo funciona el sistema de recompensa en lo relativo al sexo, a las competiciones deportivas o a otras actividades. De hecho, prácticamente todo lo que hacemos se debe, de una forma u otra, a las «recompensas» o a alguna necesidad impuesta por el sistema de recompensa. Buscamos nuevas experiencias, como viajar, conocer amigos o disfrutar de nuevos juegos. El cerebro humano es tan complejo que es capaz de realizar todo tipo de asociaciones y conexiones a partir de impulsos y experiencias propiciadas por los circuitos del sistema de recompensa, y que nos conducen a desarrollar comportamientos muy complejos en aras a satisfacer los impulsos de ese sistema.

El siguiente paso es tener unas nociones básicas acerca de la química cerebral que sirve para que funcione el sistema de recompensa. El elemento clave es una sustancia neuroquímica denominada *dopamina*. Tras años de investigaciones médicas, ahora se sabe que la dopamina desempeña un papel clave en el funcionamiento de estos circuitos. Los estudios con imágenes del cerebro, en animales y en seres humanos, muestran que cuando el animal o la persona detecta un impulso asociado con una recompensa se produce una liberación de dopamina por parte de las células nerviosas del sistema de recompensa. Ese impulso puede ser una imagen del pastel de chocolate de la abuela, una pareja sexual atractiva o un fajo de dinero. Un impulso respecto a cualquier cosa que tenga sentido para el sistema de recompensa favorece la liberación de dopamina y entonces empieza el proceso para tratar de conseguirlo.

Ahora, centrando el tema en las drogas, hay un punto central que es clave: *todas las drogas adictivas liberan dopamina en el sistema de recompensa cerebral*. Estas drogas se dirigen directamente hacia el centro del sistema de recompensa y elevan el nivel de una de sus sustancias químicas básicas. No importa cuál sea la sustancia que se consuma o la actividad que se desarrolle: si existe adicción en parte es debido a que el cerebro recibe una descarga de dopamina cuando la persona percibe el impulso que le lleva a actuar. Esa liberación de dopamina le hace sentir bien, y tiende a desear más; y ello con independencia de que la sustancia consumida sea la nicotina, que libera pequeñas cantidades de dopamina cada vez que se enciende un cigarrillo, o la cocaína, que libera grandes cantidades de dopamina. La acción de la cocaína reúne todas las características de estimulación del sistema de recompensa, sólo que de forma más intensa: el corazón y la respiración se aceleran, la persona tiende a desplazarse de un lugar a otro y a ser más elocuente, se vuelve eufórica y la experiencia se recuerda como algo fantástico. Y realmente es fantástico, porque la droga actúa directamente sobre el sistema de recompensa.

A continuación expondremos cómo se vuelve adicta la persona. El cerebro recuerda la experiencia absolutamente maravillosa que ha tenido con la raya de cocaína. Esto hace que preste atención a todos los aspectos relacionados con la experiencia que ha vivido y que se almacenen todos los impulsos asociados a ella (la persona que la facilitó, la habitación en la que estaba, la textura y el aspecto de la droga, etc.). De esta forma, la próxima vez que se detecte cualquiera de esos impulsos, el sistema de recompensa hará que se preste atención (los impulsos por sí solos ya desencadenan la liberación de dopamina). Entonces el ritmo cardíaco se acelera y la persona se excita ante la perspectiva de conseguir cocaína. En este punto, la persona todavía no está totalmente abocada a la adicción.

Las últimas investigaciones demuestran que la adicción puede ser un proceso lento. En experimentos con animales se ha comprobado que únicamente unas cuantas exposiciones a la droga no provocan adicción. Se requieren múltiples exposiciones a lo largo de un periodo prolongado de tiempo (tal vez semanas o meses). A lo largo de este tiempo se producen importantes cambios químicos en el cerebro que hacen que el individuo ansíe continuamente la droga. Realmente no lo sabemos todo acerca de estos cambios, pero existe constancia de que sí ocurren. Cuando se producen, puede llegar a ser muy difícil abandonar la droga. Incluso prolongados periodos de abstinencia no corrigen necesariamente el problema. Las personas continúan siendo sensibles a reiniciar el consumo incluso años después de haberlo dejado.

Lo mismo que sucede con las drogas adictivas, que estimulan el sistema de recompensa, sucede también con los comportamientos adictivos, como el sexo compulsivo, comer incontroladamente o la ludopatía. Cualquier cosa que para el ser humano sea gratificante puede convertirse en una adicción si se persigue con excesivo anhelo. Desconocemos el motivo por el cual distintas personas son propensas a volverse adictas a distintos tipos de drogas o actividades, pero probablemente la causa haya que buscarla en las variaciones de la química individual.

Las cosas más importantes que deben saberse acerca de los estimulantes

1. HAY UNA VARIEDAD DE SUSTANCIAS QUÍMICAS QUE SON ESTIMULANTES Y ALGUNAS DE ELLAS PRODUCEN FÁCILMENTE ADICCIÓN, MIENTRAS QUE OTRAS NO

La cocaína, el crack, la metanfetamina y la metanfetamina cristalizada son estimulantes altamente adictivos. El Ritalín (metilfenidato) y otras sustancias que se administran por vía oral también son estimulantes. Pueden ser seguras si se toman siguiendo las recomendaciones médicas, pero también son adictivas si se consumen en exceso.

Es importante reconocer que existen grandes diferencias en el espectro de las drogas estimulantes. Las que son más adictivas son aquellas que «colocan» o que producen euforia. El cerebro se torna eufórico cuando el nivel de dopamina aumenta *rápidamente*, lo cual sucede con aquellas drogas que llegan al cerebro con celeridad. La cocaína esnifada, el crack fumado y la metanfetamina cristalizada, también fumada, llegan al cerebro rápidamente, liberan gran cantidad de dopamina y son altamente adictivas. Las sustancias que se toman oralmente, como el Ritalín (metilfenidato), no llegan al cerebro con rapidez y no producen excesiva euforia. Hablaremos sobre sus efectos positivos al final de esta sección.

2. CUANDO SE ABUSA DE LOS ESTIMULANTES, SE PONE INMEDIATAMENTE EN PELIGRO LA SALUD

Los estimulantes activan el corazón y pueden provocar una arritmia cardíaca de fatales consecuencias. Ésta es la forma en que normalmente fallece la gente a causa de estas sustancias. Ninguna sustancia tiene un solo efecto, y los estimulantes no constituyen una excepción. Su acción no se circunscribe a favorecer el efecto de «adicción-potenciación» respecto a la dopamina, sino que también aumenta el nivel de una sustancia química asociada, que se denomina norepinefrina o noradrenalina. Esta sustancia neuroquímica es la responsable de la mayor parte de la respuesta de huida o de lucha del organismo: aumenta el ritmo cardíaco y la presión arterial, el nivel de azúcar en sangre y pone el organismo en alerta. Cuando se consume cocaína o metanfetamina, se produce la respuesta de huida o de lucha, junto con sensaciones placenteras, y el ritmo cardíaco y la presión arterial aumentan. Esto puede provocar ataques cardíacos, apoplejías, hemorragias y otras lesiones cardiovasculares. Parece que las probabilidades de sufrir un ataque cardíaco son iguales con cada dosis de estas sustancias (aproximadamente 1 de cada 10.000 casos). El riesgo es siempre igual, da lo mismo que sea la primera vez como la centésima. Sin embargo, el uso repetido de estas sustancias puede provocar pequeñas apoplejías y daño cerebral.

3. EL MAYOR RIESGO DEL ABUSO DE ESTIMULANTES ES LA ADICCIÓN Y TODAS SUS CONSECUENCIAS

Todos los riesgos para la salud son nimios comparados con las consecuencias de la adicción. El problema es que una vez que la persona es adicta a la droga, ésta controla su vida. Todo lo que hace se dirige a conseguir más droga. Este comportamiento compulsivo destruye las relaciones, arruina la capacidad económica de la persona y a menudo la conduce a la cárcel.

4. Con el uso repetido de una droga adictiva, las sensaciones satisfactorias desaparecen y el adicto consume la droga únicamente para no encontrarse mal

Dado que las drogas activan de forma repetida y contundente los centros de placer del cerebro, este órgano cambia su respuesta a los estímulos «naturales», como la comida o el sexo, y sólo reacciona ante la droga. Éste es el aspecto más irónico de la adicción: la persona empieza a consumir para sentirse realmente bien, pero finalmente no se puede sentir bien con nada, y sólo consume la droga para dejar de sentirse mal. Esto se denomina anhedonía (incapacidad para sentir placer) y muchos adictos se refieren a ella. Nada tiene buen sabor, el sexo no interesa, sólo es importante conseguir la droga y consumirla. Creemos que esto ocurre cuando los circuitos del placer del sistema de recompensa han tenido tanto contacto con la dopamina que desarrollan tolerancia a ella (véase el capítulo 2, «Conocimientos básicos sobre las drogas»). Después de tanta estimulación, el cerebro «disminuye» su sensibilidad hacia la dopamina. Como consecuencia, un adicto es mucho menos sensible a los placeres ordinarios que reporta la vida. Así pues, nada le hace sentirse bien.

5. El Ritalín (metilfenidato) y otras sustancias para tratar el TDAH son estimulantes seguros cuando se utilizan siguiendo las instrucciones médicas

El Ritalín (metilfenidato) y otras sustancia para tratar el TDAH son seguras cuando se utilizan de forma adecuada. Se administran por vía oral y no producen la euforia característica de los estimulantes ilegales. En la medida en que un médico controla la salud de la persona, son bastante seguras. Debido a que se toman por vía oral, llegan al cerebro lentamente, ya que tienen que pasar a través del estómago, el hígado y posteriormente llegar al torrente sanguíneo. Liberan dopamina, pero de forma tan lenta que los efectos euforizantes adictivos no constituyen un problema. Su acción consiste en estimular la atención y en facilitar la concentración.

¿Por qué estas sustancias controlan la hiperactividad? La respuesta fácil es que desconocemos los motivos; sin embargo, se han formulado algunas especulaciones a este respecto. Algunos científicos creen que los niños con TDAH padecen un déficit en el sistema de recompensa y esto les impide prestar atención a su trabajo. También puede conducirles a buscar mayores novedades en su entorno, de forma que se vuelven hiperactivos porque buscan más estimulación. Cuando las sustancias para el TDAH aumentan los niveles de dopamina en el cerebro, ya no tienen que proseguir la búsqueda de lo novedoso y mejora, así, su capacidad para prestar atención.

6. Los estimulantes dietéticos y los componentes «naturales» que contienen efedrina deben tomarse con precaución

La efedrina y la cafeína se venden sin prescripción facultativa como sustancias de ayuda para la dieta o como Ritalín «natural», pero los niños no deben consumirlas.

En el mercado existe una gran cantidad de preparados. La efedrina se considera una sustancia segura y natural debido a que durante siglos se ha usado en China para tratar el asma. Esto es cierto cuando se utiliza en pequeñas dosis, pero un exceso de efedrina altera el sistema cardiovascular debido a que estimula la producción de noradrenalina, que es de huida o lucha. No penetra bien en el cerebro, y no eleva la dopamina; por lo tanto, no favorece el aumento de la concentración ni la capacidad de atención como lo hace el metilfenidato (Ritalín y otras marcas). Puede hacer que la persona se encuentre ligeramente nerviosa, pero su atención no mejora. El aspecto positivo es que no es adictiva. Sin embargo, provoca un aumento del ritmo cardíaco y de la presión arterial. Este efecto hace que la gente piense que está teniendo una respuesta satisfactoria, pero tan sólo está estimulando el corazón artificialmente.

La efedrina también se utiliza como una ayuda para hacer dieta porque se supone que «quema grasas». Lo que en realidad hace es liberar grasa para utilizarla como fuente de energía, pero si no existe un aumento del ejercicio físico para quemarla, la grasa vuelve a depositarse en su lugar inicial. Muchos adolescentes, especialmente las chicas, hacen dieta y encuentran atractivos estos compuestos. *Nuestra recomendación es que ningún chico o chica debe tomar estos estimulantes para hacer dieta.* Su inocuidad y efectividad no han sido probadas (ni tan siquiera sabemos si son seguros para los adultos; con menos razón lo han de ser para los niños).

Finalmente, ¿qué se puede decir sobre el estimulante más popular de nuestra cultura: la cafeína? Muchas personas piensan en la cafeína como un nutriente, no como una droga, y ello pese al hecho de que se trata de un estimulante ligero. No actúa de la misma forma que el metilfenidato y la anfetamina, y apenas existen pruebas de que sea adictiva. El organismo se adapta a ella, de forma que cuando la persona se levanta por la mañana y no se toma la taza de café a la que está acostumbrada tiene dolor de cabeza y se siente un poco decaída. Lo mismo les sucede a sus hijos cuando no se toman los tres refrescos de cola con los que acompañan diariamente las comidas. El café estimula ligeramente el corazón, pero no suele causar problemas a menos que se padezca hipertensión. Sin embargo, la cafeína sigue siendo una sustancia adictiva y debemos enseñar a nuestros hijos a reflexionar sobre si deben introducir una sustancia química en su organismo (de la misma forma en que debemos reflexionar nosotros).

Hablar con los jóvenes sobre los estimulantes

• Enseñe a los niños que no todos los estimulantes son iguales. El hecho de que ellos o alguno de sus amigos tomen Ritalín o Adderal (un tipo de anfetamina) no significa que sean adictos. De hecho, les puede decir que estudios encargados por el gobierno demuestran que los niños que toman Ritalín (metilfenidato) tienen menos riesgo de abusar de las drogas que el resto de la población.

• Si tiene que mantener esta conversación, explique a sus hijos que el Ritalín y el Adderal han sido seleccionados y probados con sumo cuidado, tanto por el gobierno como por las empresas farmacéuticas, con la intención de que proporcionen la estimulación de la atención necesaria sin los efectos secundarios de la euforia y la adicción.

• Los niños no deben tomar el Ritalín que tenga un amigo. Algunos jóvenes piensan que mejorará su rendimiento escolar. Explíqueles que *nunca* deben tomar un medicamento que no les haya prescrito el médico.

• Explíqueles que padecer TDAH es simplemente una consecuencia de la forma en que se desarrolla el cerebro de la persona, y que a veces se precisa un poco de ayuda para poder prestar atención de manera adecuada. Las sustancias como el Ritalín proporcionan esa ayuda y funcionan correctamente si se utilizan como indica el médico.

• Los jóvenes tienen que entender que aunque los suplementos dietéticos y vigorizantes como la efedrina les produzcan una cierta estimulación, el principal efecto de estas sustancias consiste en incrementar la actividad cardiovascular, y esto no es bueno para ellos. Tomar una pastilla no equivale a hacer ejercicio. Si desean estimulación cardiovascular deben hacer ejercicio de forma sistemática y controlada. De esta forma se sentirán mejor y al mismo tiempo estarán más delgados y más fuertes.

• Haga hincapié en que nunca deben fumar o esnifar un estimulante. Éste es el camino más directo hacia la adicción, puesto que el cerebro desea experimentar una rápida y fuerte subida de la dopamina.

• Explique cómo los estimulantes interceptan las partes más básicas del cerebro para controlar el comportamiento. Hábleles sobre una comida favorita que ansíen y subraye que una droga es similar, solo que muchísimo más intensa.

• Dígales que las adicciones conducen a la gente a gastarse todo su dinero en drogas, a pensar constantemente en ellas y posiblemente a sufrir condenas de cárcel.

• Explíqueles en qué consiste la tolerancia a los estimulantes utilizando el ejemplo de algún alimento que, de tanto comerlo, se llega a aborrecer (pizza, chocolate, pastel, cualquier cosa). Posiblemente sus hijos se darán cuenta de que una cantidad excesiva de algo bueno termina por estropearlo. Entonces relacione esto con los centros de placer del cerebro. Las drogas proporcionan una estimulación excesiva.

• Los niños deben saber que pueden morirse la primera vez que prueban estas drogas. No es probable, pero puede suceder.

• El uso repetido de estimulantes puede dañar el cerebro y el corazón. Los estimulantes hacen aumentar la presión arterial, y si tienen los vasos sanguíneos débiles, como un punto débil en un globo, pueden romperse.

14

¿Qué hacer ahora?

Ahora que ha leído este libro, es importante que piense qué debe hacer con esta información. Existen muchas posibilidades. En primer lugar, le recomendamos que retroceda al capítulo 1, «La comunicación es fundamental», y reconsidere la forma en que se comunica con sus hijos respecto a las drogas, el cuerpo y a las alternativas que tienen ante sí. Con un mayor bagaje de información probablemente se sentirá más seguro tanto para plantear como para contestar preguntas. Piense cómo introducir esta nueva información en sus conversaciones, durante las comidas o en los trayectos en coche. Recuerde que una charla sobre las drogas no tiene por qué ser un acontecimiento largo y emocional o intelectualmente complicado. Un comentario acertado, una respuesta fundada pueden ser muy valiosos, y ahora usted está mejor preparado para ofrecerlos.

Si usted es madre o padre, considere la posibilidad de divulgar activamente sus conocimientos fuera del ámbito familiar. Relaciónese con las personas responsables de su comunidad, colegio o grupo religioso, con el fin de iniciar debates o programas que susciten un diálogo productivo sobre las drogas y sobre la temática de los problemas de los niños y adolescentes con estas sustancias. Probablemente, habrá mucha gente en su comunidad (¡incluido usted mismo!) con valiosos conocimientos y experiencias, que pueden aunarse en un proyecto común. Organizar un foro de padres en el colegio puede ser una buena idea. Usted sabe lo importantes que son estos temas y podría ayudar a tomar decisiones respecto a cómo estructurar un taller o un grupo de debate en el colegio, la iglesia o la organización de la comunidad. Hable con el orientador escolar, el profesor de ciencias, el religioso encargado de los jóvenes o los responsables de asociaciones especializadas acerca de la posibilidad de organizar un programa conjunto (es posible que le sorprenda la acogida entusiasta de su propuesta).

Recuerde, no tiene por qué ser un experto para servir de valiosa ayuda a un proyecto de esta índole. Los sistemas escolares (incluso los más pequeños) suelen tener educadores en temas de salud, que siempre procuran encontrar formas efectivas de impartir enseñanzas acerca de las drogas y de los procesos para tomar decisiones saludables. Usted puede ser un valioso recurso para ellos. Concierte una cita para hablar de cuáles son las estrategias educativas de que dispone su sistema escolar frente a las drogas y para estudiar cuáles se pueden añadir o en qué sentido se pueden mejorar.

Si usted es profesor, piense en cómo puede incorporar la información de este libro en sus lecciones académicas (y este consejo no va dirigido exclusivamente a los profesores de «ciencias»). Nos resulta sencillo imaginar a un profesor de lengua, armado con el conocimiento de las drogas predominantes y de cómo actúan, incorporando materias relacionadas con las drogas a sus trabajos literarios; o a un profesor de ciencias sociales centrándose en los enfoques actuales de la «guerra contra las drogas» o en el hecho de si esos enfoques son coherentes con la realidad científica existente respecto a los efectos de las drogas o a la forma de abordar el tratamiento. Los profesores de educación física y los entrenadores deportivos tienen también la oportunidad de influir de una forma decisiva. Mientras los estudiantes preparan regímenes para el entrenamiento o las clases sobre salud, ellos pueden contestar a cuestiones relativas a los suplementos nutricionales y a las drogas que supuestamente mejoran el rendimiento.

Sea lo que sea, ¡haga algo! No deje pasar la oportunidad de enseñar y guiar a los jóvenes. Recuerde lo que ha aprendido: el cerebro del joven está en proceso de desarrollo. ¡Intervenga en ese proceso!

Recursos

Las fuentes de información sobre las drogas deben ser fidedignas y han de estar actualizadas. De acuerdo con nuestra experiencia, la mayoría de recursos no cumplen estos requisitos. En nuestra página web ofrecemos una relación de las fuentes que creemos que son más fiables y actuales:

www.buzzed.org

También puede serle útil la información actualizada de nuestros libros: *Buzzed: The Straight Facts about the Most Used and Abused Drugs from Alcohol to Ectasy* y *Pumped: Straight Facts for Athletes about Drugs, Supplements and Training.*

Índice analítico y de nombres

191